Richard Kleinmaier

Schule für UKULELE

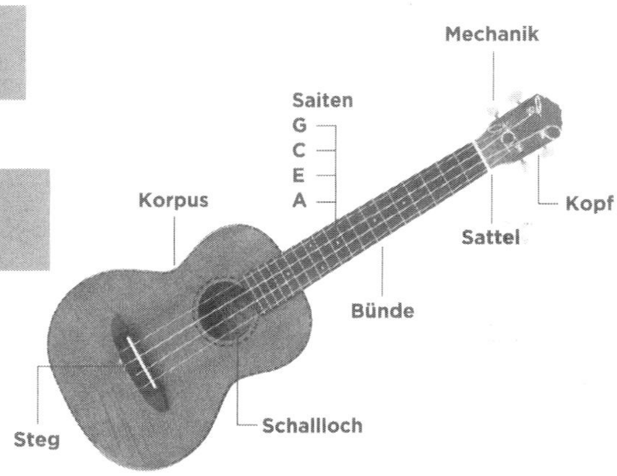

Ukulele lernen mit vielen bekannten Songs

EINIGE WORTE ZU BEGINN...

Liebe Freunde der Ukulele,

in dieser Schule habe ich mich ausschließlich mit der Ukulele als Begleitinstrument beschäftigt. Sowohl bei der Auswahl der Akkorde als auch bei den Strummings geht es um Spaß und Freude mit Musik. So entstanden bei manchen traditionellen Liedern neue oder bisher unbekannte Klänge, während ich bei den Popsongs die Originalakkorde wiedergebe. Songs, die in den Originaltonarten schwer auf der Ukulele umzusetzen sind, habe ich transponiert.

Meine Ukulelenschule ist folgendermaßen gegliedert:

- Auf den Seiten 4–9 erfahrt ihr die wichtigsten Basics über Haltung, Stimmen sowie Schlag- und Greiftechniken auf der Ukulele.
- Auf den Seiten 10–92 folgen die Songs und Lieder.
- Am Ende der Schule (ab S. 93) findet ihr einerseits einen Crashkurs in Musiktheorie, daneben eine Akkord-Tabelle für Kadenzen und eine praktische Grifftabelle für die Ukulele.

Die Audio-Tracks bieten zu den meisten Songs drei Versionen:

- Die sogenannte Hörversion, auf der im Arrangement alle Instrumente zu hören sind = HV
- Eine Version ohne Ukulele, zum Mitspielen = oU
- Eine Version, auf der nur der Gesang und die Ukulele zu hören sind = GU

Zur weiteren Unterstützung bieten die Aufnahmen auch einige Tutorials. Durch dieses variable Angebot sollte es für euch sehr komfortabel sein, die Begleitungen zu verstehen und auf der Ukulele umzusetzen.

Ich freue mich, wenn ihr beim Hören, Erforschen und Spielen Spaß habt und wünsche euch viel Erfolg.

Mein besonderer Dank gilt:
meiner lieben Doris für Geduld und Ermutigung,
meinem Freund Jo für Anstöße und Hilfestellungen,
Moritz Oeder für Geduld und Leidenschaft bei den Aufnahmen,
Peter Sedlmeyr und Uwe Sieblitz für das engagierte und sachkundige Lektorat,
Gerhard Halbig für die Verwirklichung und Unterstützung in seinem Verlag,
Regina Krauß für das Noten- und Seitenlayout,
Lisa Schuler für das Modeln mit Ukulele und Britta Lezius für die schönen Bilder,
die dabei enstanden.

Richard Kleinmaier, 2014

D 326 / ISMN 979-0-50017-360-1 / ISBN 978-3-86849-224-8

Umschlaggestaltung: Gerhard Illig, Schwaig bei Nürnberg

Lektorat: Peter Sedlmeyr, Uwe Sieblitz

Satz und Layout: Regina Krauß, Speyer

www.dux-verlag.de

INHALT

Die Ukulele ... 4
Saiten & Stimmungen der Ukulele ... 5
Das Stimmen der Saiten ... 6
Wie halte ich meine Ukulele? ... 7
Anschlagtechniken ... 8
Die linke Hand ... 9
Griffdiagramme ... 9

Bruder Jakob (einfache Version) ... 10
Oh My Darling Clementine (einfache Version) ... 12
Lady In Black ... 14
Home On The Range (einfache Version) ... 16
Scarborough Fair (einfache Version) ... 18
My Bonnie Is Over The Ocean (einfache Version) ... 20
Chan Chan ... 22
Tom Dooley ... 24
Let It Be ... 26
Don't Worry, Be Happy ... 28
Hey Jude ... 30
What Shall We Do With The Drunken Sailor ... 32
One Of Us ... 34
Everybody Needs Somebody To Love ... 36
Jamaica Farewell ... 38
Sway ... 40
I Follow Rivers ... 42
A Night Like This ... 44
Old Folks At Home ... 46
No Woman, No Cry ... 48
Probier's mal mit Gemütlichkeit ... 51
Follow Me ... 54
Yankee Doodle ... 56
Oh! Susannah (einfache Version) ... 58
You And Me (In My Pocket) ... 60
Swing Low, Sweet Chariot ... 62
Das Lummerlandlied ... 64
Everybody ... 66
You And I ... 69
I'm Yours ... 72
Over The Rainbow & What A Wonderful World ... 74
Flying ... 77
Bruder Jakob (erweiterte Version) ... 80
Oh My Darling Clementine (erweiterte Version) ... 82
Scarborough Fair (erweiterte Version) ... 84
My Bonnie Is Over The Ocean (erweiterte Version) ... 86
Oh! Susannah (erweiterte Version) ... 88
Home On The Range (erweiterte Version) ... 90

Noten und Notensystem ... 93
Übersicht der Noten- und Pausenwerte ... 93
Zählzeiten ... 95
Was ist eine Tabulatur? ... 96
Wie liest man Wiederholungszeichen? ... 96
Schlagtechnik mit Rhythmus ... 97
Akkordsymbole ... 98
Triolen – Shuffle – Swing ... 99
I-V-VI-IV-Verbindungen ... 100
Grifftabelle ... 102
Stichwortverzeichnis ... 105
Audio-Tracklist ... 106

Die Audiodateien können unter

https://download.dux-verlag.de

nach Eingabe des Download-Codes kostenlos heruntergeladen werden.

Download-Code: tki4-balg

Wir empfehlen den Download mit einem PC oder Mac, da die Dateien in einem ZIP-Archiv vorliegen und erst entpackt werden müssen.

DIE UKULELE

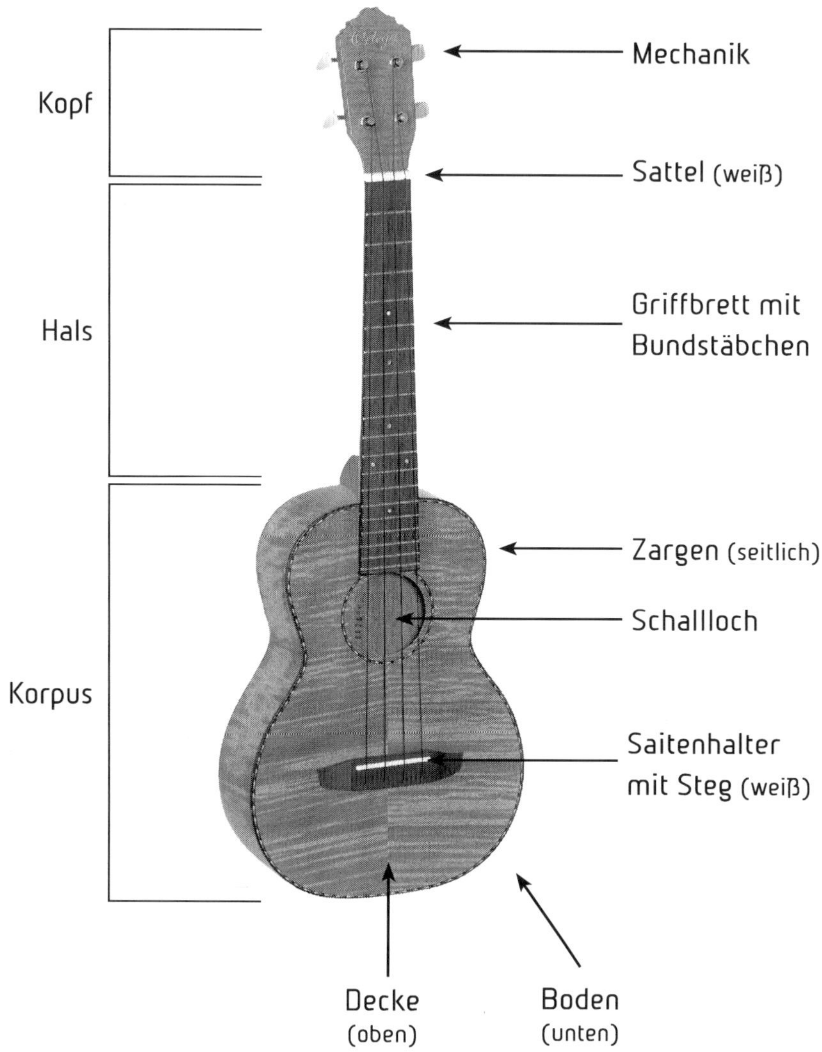

Am Kopf der Ukulele ist die **Mechanik** befestigt. Sie besteht aus vier **Wirbeln**, mit denen man die **Saiten** stimmt. Unterhalb des **Kopfes** liegt in einer Vertiefung der **Sattel**, ein weißer Querbalken (mit Kerben) aus Kunststoff, über den die Saiten geführt werden.

Auf dem **Hals** der Ukulele ist das **Griffbrett** aufgeleimt. Eingelassen im Griffbrett liegen die **Bundstäbchen** aus Metall. Den Raum zwischen zwei Bundstäbchen nennt man **Bund**.

Der **Korpus** der Ukulele besteht aus **Decke, Boden und Zargen.** Ukulelen werden aus verschiedenen Hölzern wie Mahagoni, Palisander, Koa, Ahorn, Zeder, Fichte etc. gefertigt.

Auf der Decke ist der **Saitenhalter** aufgeleimt. An ihm sind die Saiten befestigt, die dann über den **Steg** in Richtung Mechanik laufen. Die klingende Saitenlänge von Steg bis Sattel nennt man **Mensur**. Diese ist abhängig von der Größe der Ukulele.

Die Ukulelen haben Saiten aus **Nylon** oder sogenanntem Nylgut. Die Saiten müssen immer genau zur Größe des Instrumentes passen, sonst kann man sie nicht richtig stimmen.

SAITEN & STIMMUNGEN DER UKULELE

In dieser Schule verwenden wir ausschließlich die sogenannte *C-Stimmung* – sie ist die weltweit am häufigsten angewandte Stimmung. Bei der *D-Stimmung* sind alle Saiten einen Ganzton höher gestimmt.

Die vier Saiten werden von der höchsten Saite aus gezählt:

1. Saite: a / 2. Saite: e / 3. Saite: c / 4. Saite: g

Bei der C-Stimmung hat die c-Saite den tiefsten Ton!

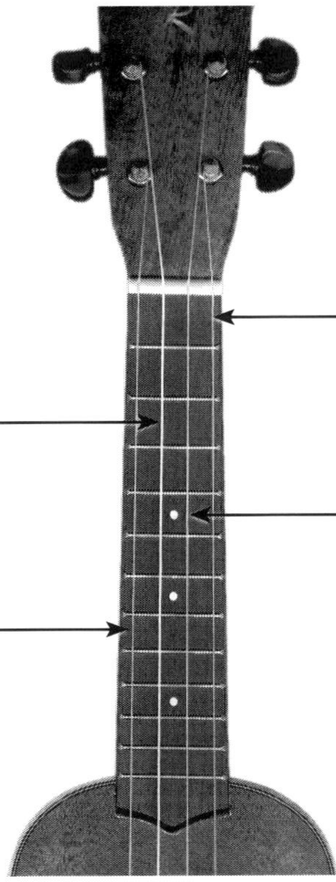

Ukulelen gibt es in unterschiedlichen Größen.
Hier eine Übersicht der verschiedenen Mensuren und möglichen Stimmungen:

Ukulele-Typ	Mensur	Gesamtlänge	Stimmung
Sopran	35 cm	55 cm	g' - c' - e' - a' oder a' - d' - f♯' - h'
Concert	38 cm	63 cm	g'- c' - e' - a' oder g - c' - e' - a' („low-G"-Stimmung)
Tenor	43 cm	66 cm	g'- c' - e' - a' oder g - c' - e' - a' („low-G"-Stimmung) sehr selten: d' - g' - h - e'
Bariton	50 cm	77 cm	d - g - h - e'

01-04 DAS STIMMEN DER SAITEN

Die meisten Saiteninstrumente haben eine Saitenanordnung von hoch zu tief. Bei der Ukulele ist aber zwischen den beiden Außensaiten nur ein Unterschied von einem Ganzton. Dies macht den speziellen Klang einer Ukulele aus! Die Ukulele wird im G-Schlüssel, auch *Violinschlüssel* genannt, notiert.

Die Ziffern im Kreis bezeichnen die Saiten, von der ersten (1) = a, bis zur vierten (4) = g.

Standard-Stimmung

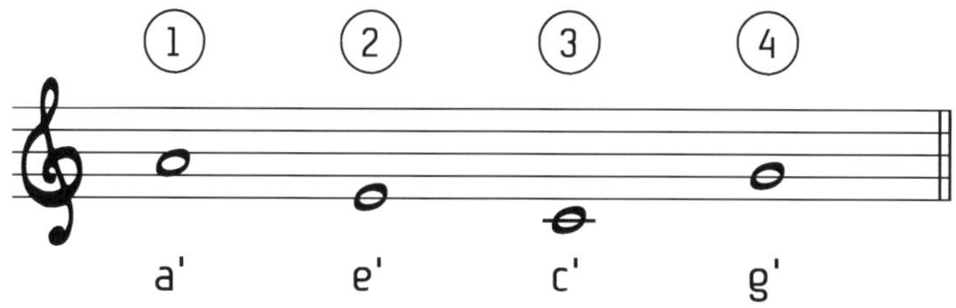

„low-G"-Stimmung mit tiefer g-Saite

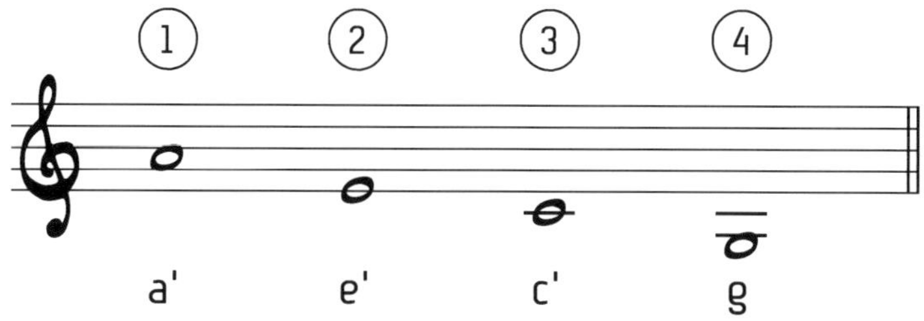

Du kannst deine Ukulele natürlich mit Hilfe der Stimmtöne der Audio-Tracks 1-4 oder einem Stimmgerät stimmen. Mit der Zeit und etwas Übung solltest du aber auch die „traditionelle" Art erlernen.

Den Ausgangston „c" (3. Saite) ermittelst du durch Tonübernahme von einem anderen Instrument. Du stimmst deine Ukulele in dieser Reihenfolge:

(3) **c** nach einer Tonquelle (s. oben)
(2) **e** nach dem gegriffenen **„e"** auf dem vierten Bund der **c**-Saite
(1) **a** nach dem gegriffenen **„a"** auf dem fünften Bund der **e**-Saite
(4) **g** nach dem gegriffenen **„g"** auf dem dritten Bund der **e**-Saite

Wenn du genau gestimmt hast, muss der Ton „**a**" im zweiten Bund der **g**-Saite mit der **a**-Saite übereinstimmen!

Wichtig: Beim gesamten Stimmvorgang solltest du beachten, dass der „richtige" Ton, also die schon gestimmte Saite, immer zuerst angeschlagen wird.

Wenn du den Ton nicht sofort richtig triffst (zu hoch/zu tief) – drehe beherzt an den Wirbeln, während du anschlägst (Kontrolle), bis du wirklich eine Veränderung hörst.

WIE HALTE ICH MEINE UKULELE?

Zu diesem Thema gäbe es viel zu sagen ...

Grundsätzlich soll die Uke so gehalten werden, dass beide Hände ihre Aufgaben erfüllen können. Der Korpus ruht auf dem Oberschenkel und berührt den Oberkörper. Der rechte Arm liegt auf der Zarge, so dass die Hand die Saiten anschlagen kann. Die linke Hand stützt leicht den Hals, ohne ihn zu umklammern. In dieser Position hast du vier Kontaktpunkte mit deinem Instrument.

Ich hoffe, die Bilder helfen dir dabei, deine Position zu finden.

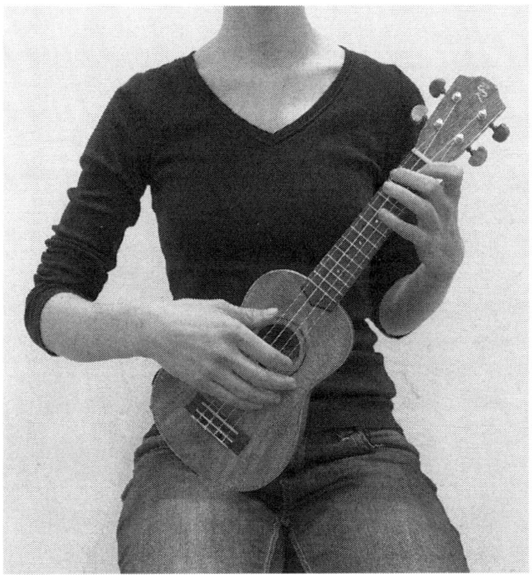

Bild 1 zeigt eine Sopranukulele.

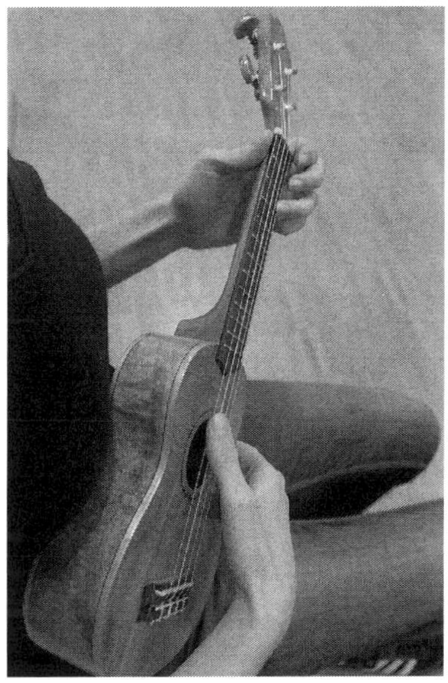

Bild 2 zeigt die Sopranukulele in der Seitenansicht.

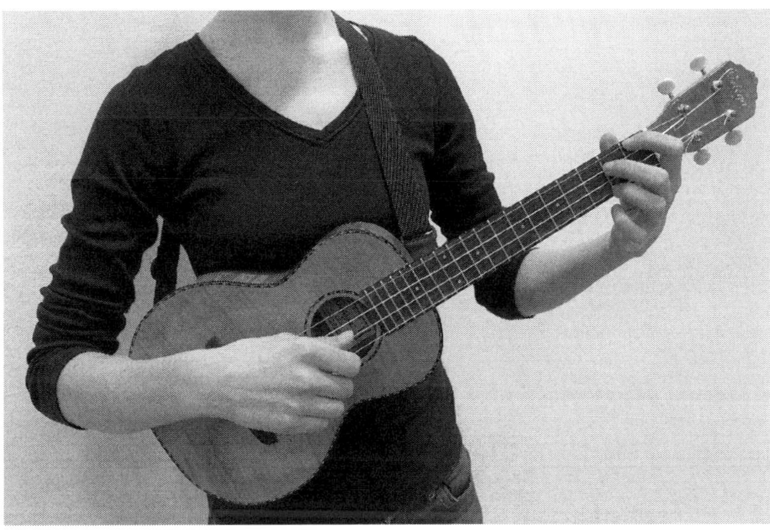

Bild 3 zeigt eine Tenorukulele mit Gurt.

Ich selbst verwende ab den Größen *Concert, Tenor und Bariton* einen Gurt. So habe ich beide Hände völlig frei und kann dadurch entspannt anschlagen und greifen.

ANSCHLAGTECHNIKEN

Du kannst die Saiten der Ukulele mit den Fingern der rechten Hand oder mit einem Plektrum *(engl.: Pick)* anschlagen. Ein Filz-Pick erzeugt einen weichen Ton, der dem Fingeranschlag ähnelt.

Das Pick hältst du locker zwischen Daumen und Zeigefinger und schlägst die Saiten damit an. Es ist nicht notwendig, bei Schlagmustern *(engl.: Strummings)* immer alle vier Saiten anzuspielen. Probiere es solange aus, bis du mit dem Klang zufrieden bist.

Für die Anschlagsrichtungen benutzt man zwei Zeichen:

⊓ Anschlag nach unten: **Abschlag** von der vierten in Richtung erste Saite *(engl.: Downstroke)*

V Anschlag nach oben: **Aufschlag** von der ersten in Richtung vierte Saite *(engl.: Upstroke)*

Dieselben Anschläge kannst du mit dem Daumen und/oder dem Zeigefinger erzeugen. Beim Aufschlag musst du nicht unbedingt alle Saiten anschlagen. Oft reicht es, wenn du nur die zwei ersten Saiten anschlägst. Wichtig ist hierbei, dass die Finger locker bleiben und nicht versteifen.

Weder die Technik mit dem Pick noch die Anschläge mit Fingern sollten die Saiten zum „Klirren" bringen.

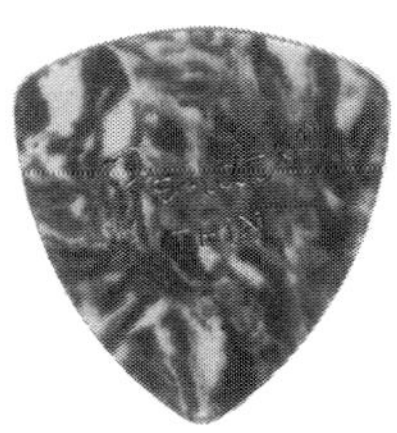

Pick aus Kunststoff

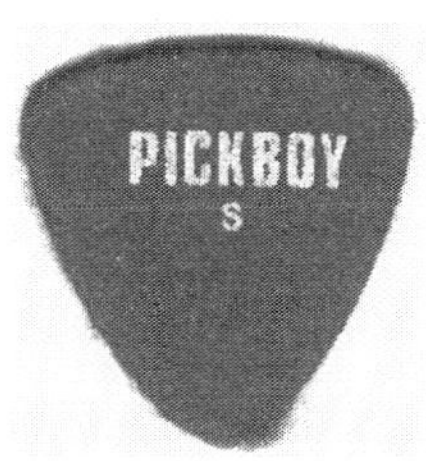

Filz-Pick

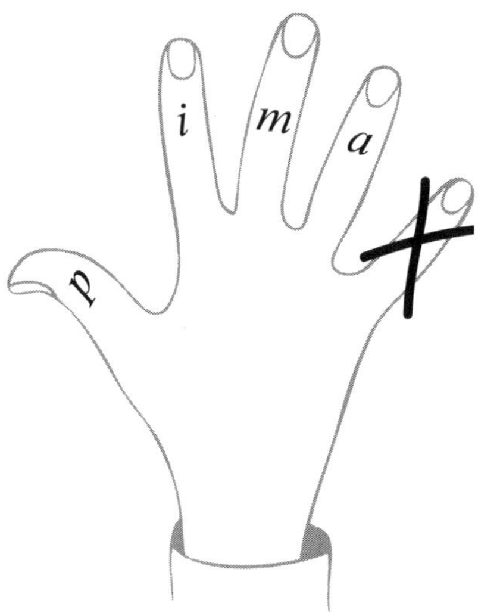

Die rechte Hand hat vier Spielfinger, deren Bezeichnungen aus dem Spanischen stammen:

der Zeigefinger	*i*	*(indice)*
der Mittelfinger	*m*	*(medio)*
der Ringfinger	*a*	*(anular)*
der Daumen	*p*	*(pulgar)*

Der kleine Finger hat keine Bezeichnung, da er nicht zum Anschlagen verwendet wird.

Grundsätzlich ist es bei vielen Begleitungen sinnvoll, wenn du mit dem Daumen ein *Arpeggio* spielst. Das heißt, du schlägst die Saiten in schneller Folge nacheinander an. Diese Spieltechnik klingt gut und ist gerade am Anfang leicht zu lernen.

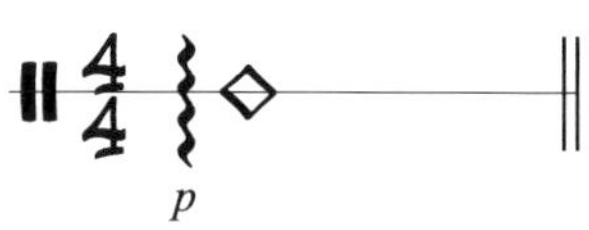

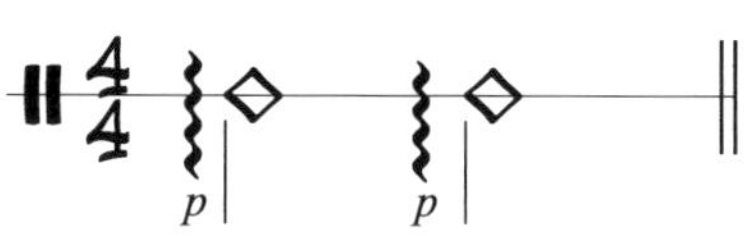

DIE LINKE HAND

Die Finger der linken Hand *(Greifhand)* greifen die Saiten der Ukulele ganz nahe vor dem Bundstäbchen und drücken sie dabei auf die Bundstäbchen nieder. Dadurch klirrt der Ton nicht und die Saiten können frei schwingen. Um im Notentext oder Griffdiagramm auf die Finger hinzuweisen, benutzt man Zahlen. Steht eine „0“ im Notentext, so greift man diese Saite nicht (Leersaite).

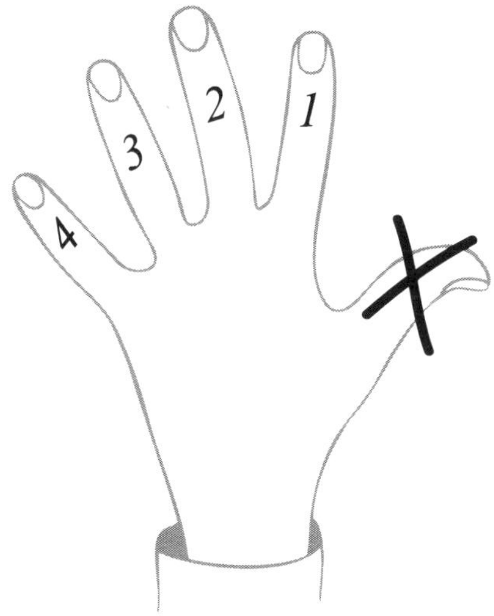

Die linke Hand hat vier Spielfinger, die mit Zahlen bezeichnet werden:

der Zeigefinger **1**

der Mittelfinger **2**

der Ringfinger **3**

der kleine Finger **4**

Der Daumen ist ohne Zahl, da er in der Regel nicht zum Greifen verwendet wird!

Die Fingernägel der linken Hand sollten so kurz wie möglich sein, da sie sonst beim Greifen stören.

GRIFFDIAGRAMME

Griffdiagramme sind eine bildliche Darstellung des Ukulelenhalses und der verwendeten Greiffinger. Beim „Barré“ greift *ein* Finger alle Saiten, über die der Balken gezeichnet ist. Nicht gegriffene Saiten *(Leersaiten)* erhalten keine Zahl. Soll eine Saite nicht gespielt werden, bekommt sie ein „x“.

Griffdiagramme in den Songs

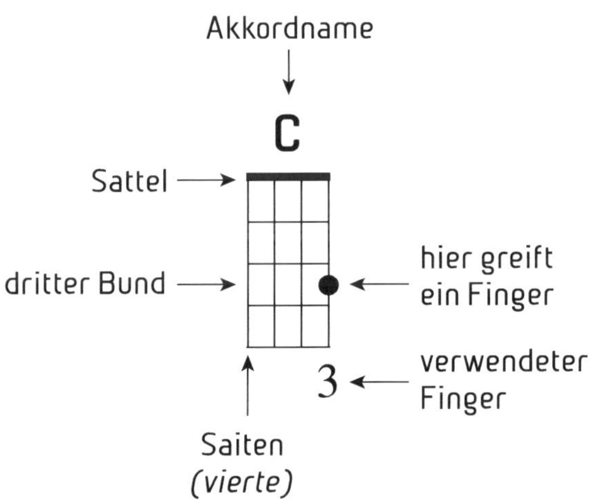

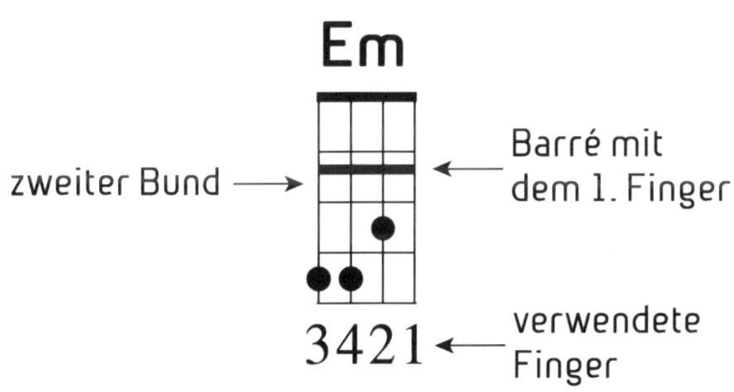

BRUDER JAKOB
(EINFACHE VERSION)

Nun genug der Theorie – wir spielen unser erstes Lied!

AKKORDE

Die Akkorde des Liedes „Bruder Jakob“ (Orig.: Frère Jacques) sind schnell erklärt: C-Dur – das war’s. Der Akkord kann während des ganzen Liedes gleich bleiben. Um ein bisschen Leben in die Sache zu bringen, habe ich den Akkord **C^4** hinzugefügt, der ganz leicht zu greifen geht und außerdem schön klingt.

C nach **C^4**: Der 3. Finger bleibt liegen, der 1. Finger kommt noch dazu.

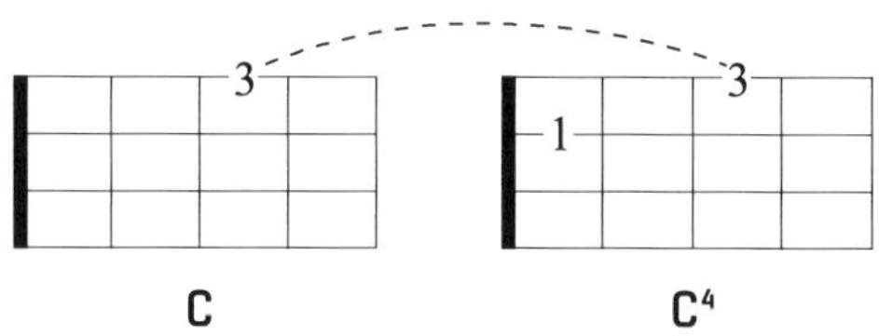

RHYTHMUS

Das Lied steht im 4/4-Takt, bei dem die erste Zählzeit stark betont (schwer) und die dritte Zählzeit leicht betont ist. Zwei und vier bleiben völlig unbetont. Ich habe fünf Schlagmuster *(Strummings)* für dich vorbereitet:

1) Beim ersten Mal empfehle ich ganze Noten und nur **C-Dur** zu spielen.
2) Nun verdoppelst du und spielst halbe Noten mit den Akkordwechseln.
3) Eine halbe Note und zwei Viertelnoten kombiniert
4) Nur Viertelnoten
5) Wenn auch das klappt, kannst du den Rhythmus mit Viertel- und Achtelnoten probieren.

Du möchtest noch eine interessante Version zu diesem Lied spielen und gleich einige neue Akkorde lernen? Auf Seite 80/81 findest du sie!

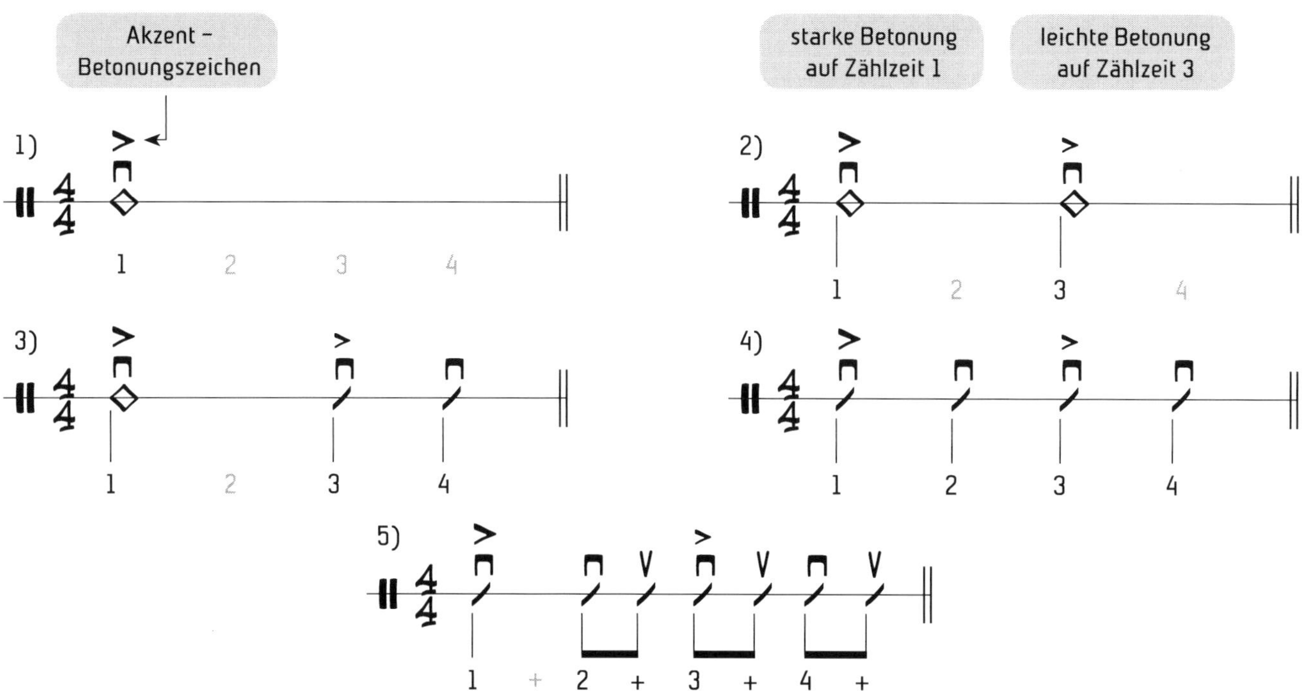

05/06

BRUDER JAKOB
(EINFACHE VERSION)

(Tonart C-Dur)

Traditional

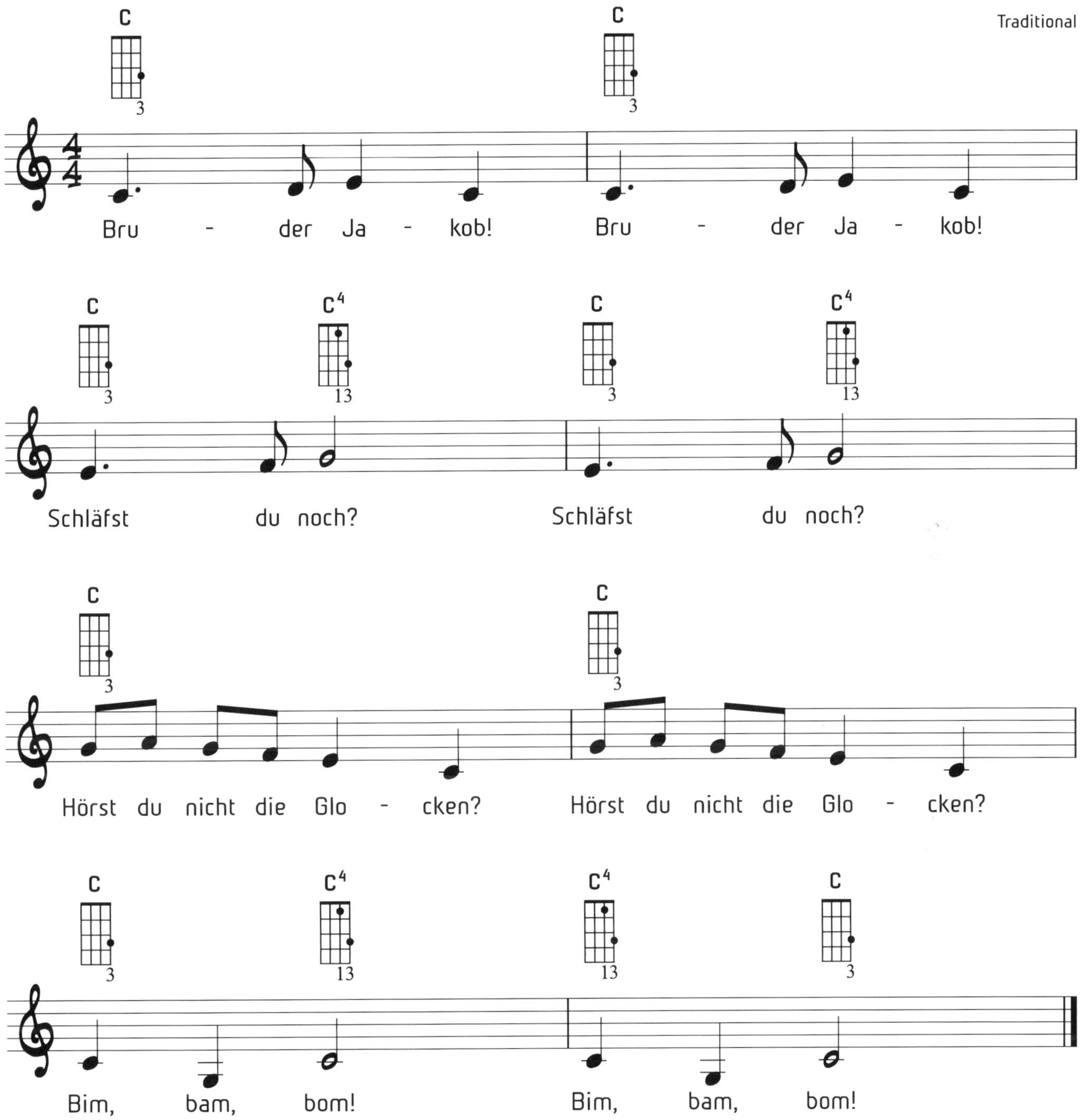

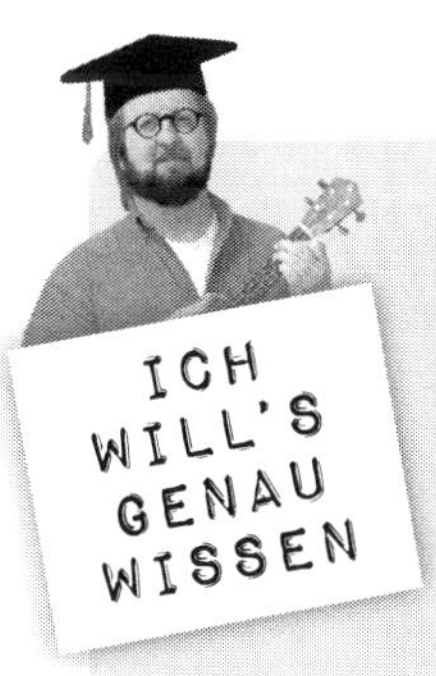

Der Akkord C^4 heißt eigentlich C^{sus4}. Die Bezeichnung kommt aus dem Englischen und heißt dort *suspended* (übersetzt: „außer Kraft gesetzt" oder „aufgehoben"). Damit ist gemeint, dass statt dem dritten der vierte Ton der Tonleiter in den Akkord eingesetzt wird. Im Deutschen spricht man auch von „Vorhaltsakkorden", da der vierte dem dritten Ton „vorgehalten" wird. Diese Akkorde sind weder Dur noch Moll, sondern eigenständige Akkorde mit einer interessanten „Reibung" im Klang.

OH MY DARLING CLEMENTINE
(EINFACHE VERSION)

AKKORDE

Die wunderschön melancholische Ballade über „Clementine“, die Tochter eines Goldgräbers, stammt aus der Mitte des 19. Jahrhunderts, also aus der Zeit des California Gold Rush. Die beiden Akkorde **C** und **G**^{7} können gut miteinander verbunden werden.

C nach **G**^{7}: Der **3.** Finger gleitet in den zweiten Bund.

G^7 nach **C**: Der **3.** Finger gleitet zurück in den dritten Bund.

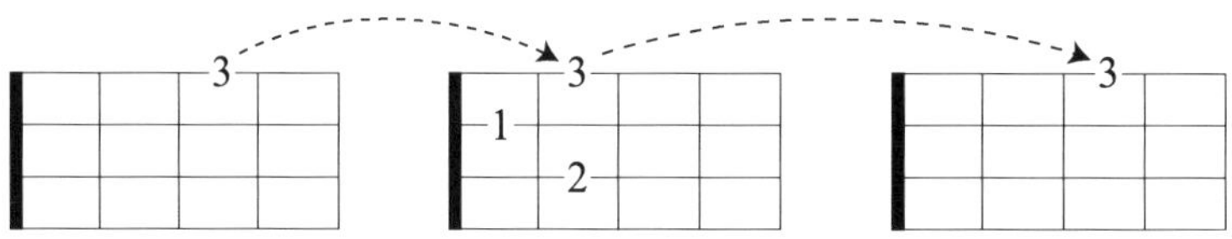

C G^7 C

RHYTHMUS

Der Song steht im 3/4-Takt, der auch als *Walzertakt* bekannt ist. Beim 3/4-Takt ist stets die erste Zählzeit betont (schwer). Die Zählzeiten zwei und drei bleiben unbetont (leicht).

Verwende diese Schlagmuster:

1) Du schlägst den Akkord nur einmal pro Takt an (punktierte halbe Note).

2) Drei Viertelnoten

Du möchtest noch eine weitere Version dieses Liedes spielen und gleich einige neue Akkorde lernen? Auf Seite 82/83 findest du sie!

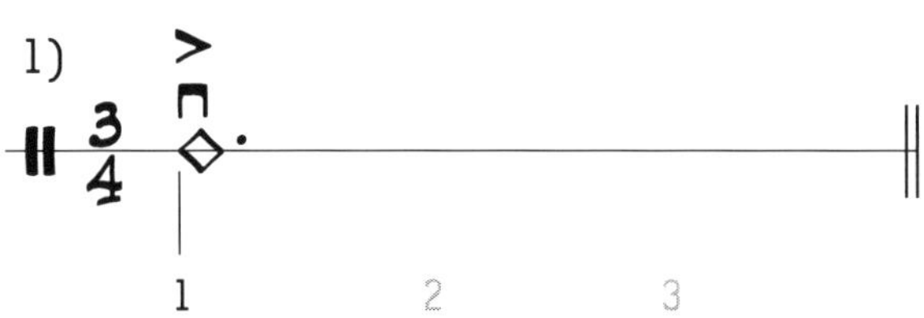

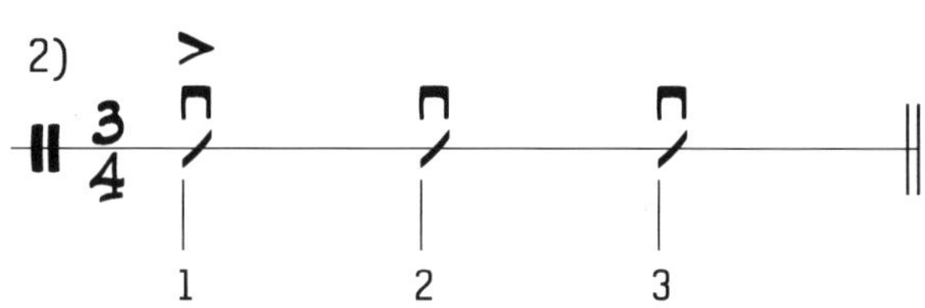

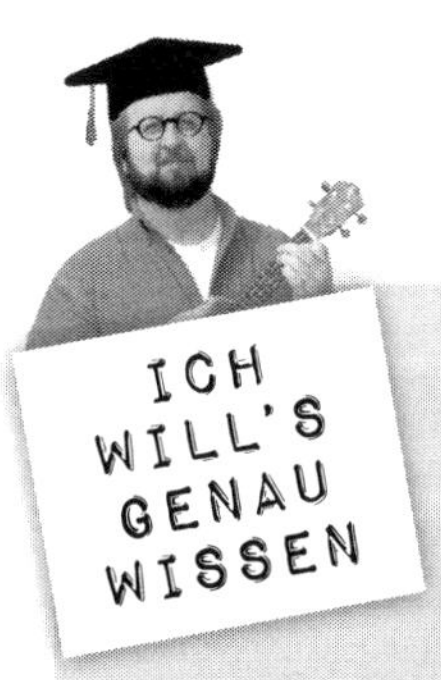

Die *punktierte halbe Note* entspricht dem Wert von drei Viertelnoten. Regel: Steht ein Punkt hinter einer Note, so wird sie um die Hälfte des eigenen Wertes verlängert. Rechenbeispiel: eine halbe Note = zwei Viertelnoten; zwei Viertelnoten + eine Viertelnote = drei Viertelnoten

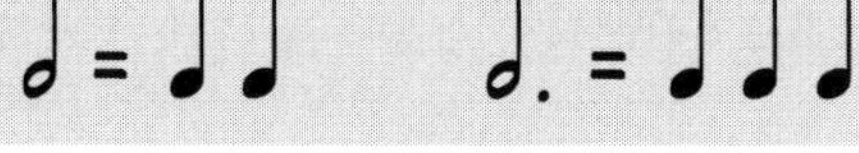

07

OH MY DARLING CLEMENTINE
(EINFACHE VERSION)

Traditional

(Tonart C-Dur)

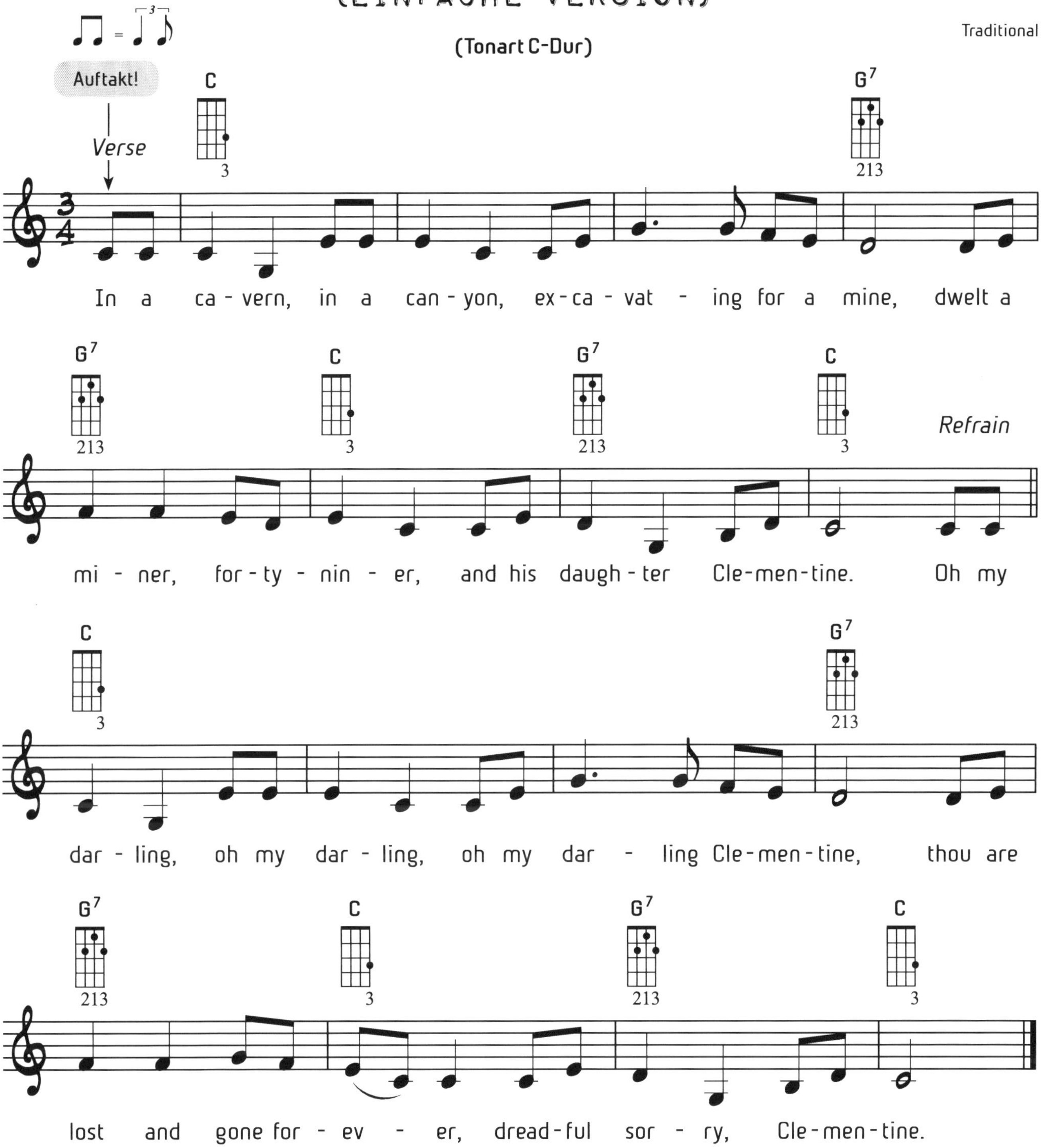

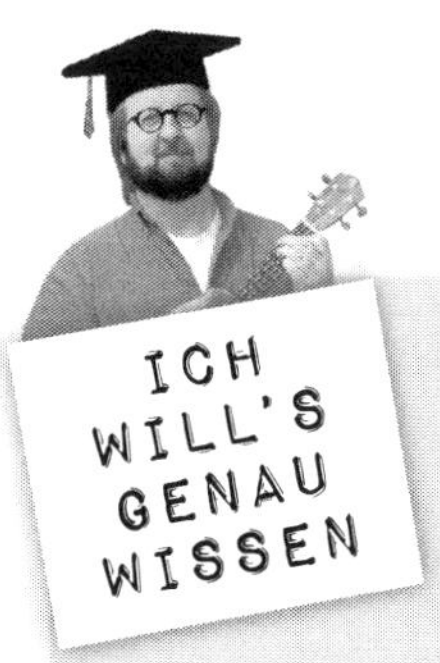

Ein *Auftakt* ist ein unbetonter, unvollständiger Taktteil vor dem ersten ganzen Takt eines Musikstückes. Hier steht der Auftakt auf der Zählzeit 3. Du zählst **1, 2** und bei **3** singst du die beiden Achtelnoten. Der Auftakt ergibt zusammen mit dem letzten Takt wieder einen vollständigen Takt. Die Begleitung beginnt immer im ersten Takt, der Auftakt wird nicht begleitet.

LADY IN BLACK

AKKORDE

Mit „Lady In Black" der britischen Hardrockband *Uriah Heep* lernst du gleich die nächsten Akkorde. Der Akkord **Am** (sprich: a-Moll) kann mit dem zweiten Finger gegriffen werden. Hier bietet sich für den leichteren Wechsel der erste Finger an.

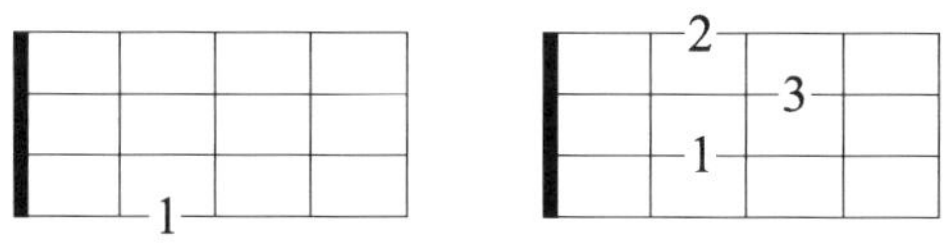

Am **G**

RHYTHMUS

Der langsame 4/4-Takt wird mit Achtel- und Sechzehntelnoten gefüllt. Dies ergibt den vorwärtstreibenden Rhythmus. Der 4/4-Takt hat in der klassischen Musik Betonungen auf den Zählzeiten **1** und **3**. In vielen anderen Musikstilen (Pop/Folk/Blues/Jazz) werden dagegen die **2** und **4** betont. Diese Betonungen geben der Musik ihren eigenen „Schwung".

Empfohlene Strummings:

1) Du schlägst viermal pro Takt an (Viertelnoten).
2) Achtelnoten auf Zählzeit 1 und 3, der Rest wird mit Sechzehnteln gefüllt (wie im Original).

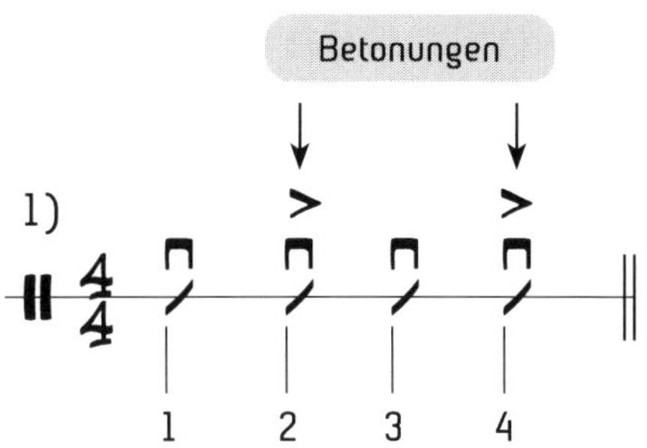

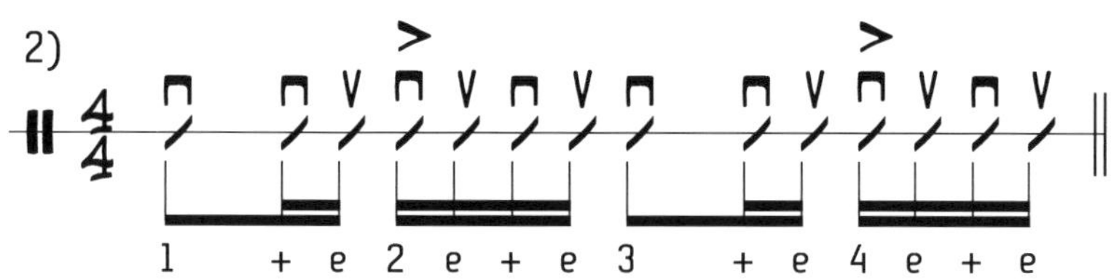

Im Song sind die Akkordwechsel auf der 1. Nur im zweiten und dritten Takt des Refrains entstehen halbtaktige Wechsel!

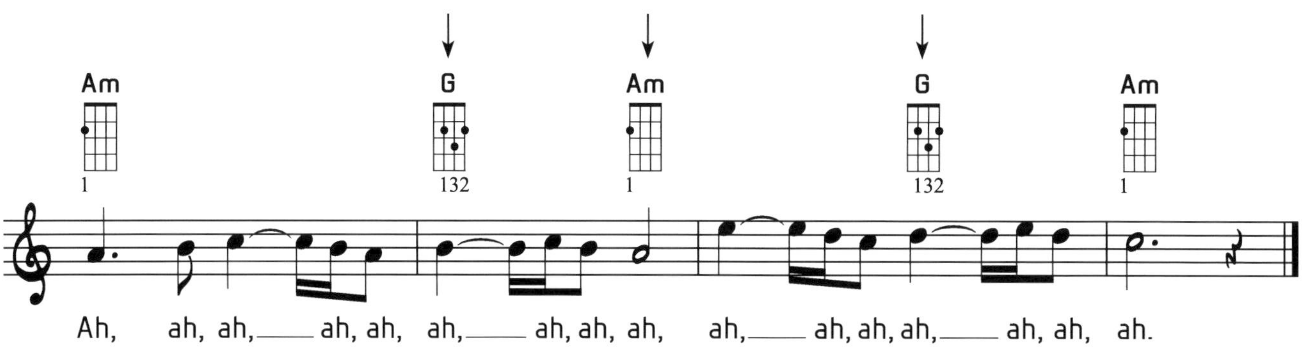

08 (Tutorial)

LADY IN BLACK

(Tonart a-Moll)

Musik & Text:
Ken Hensley

Intro: **Am | Am**

Verse 1:

```
      Am
She came to me one morning, one lonely Sunday morning,
  G                            Am
her long hair flowing in the mid-winter wind.
 Am
I know not how she found me, for in darkness I was walking,
       G                                  Am
and destruction lay around me from a fight I could not win.
```

Refrain:

```
Am                G           Am             G           Am
Ah, ah, ah, ah, ah, ah, ah, ah, ah, ah, ah, ah, ah, ah, ah, ah.
```

Verse 2:

```
      Am
She asked me name my foe then, I said the need within some men
 G                                       Am
to fight and kill their brothers without thought of love or god.
       Am
And I begged her give me horses to trample down my enemies,
 G                             Am
so eager was my passion to devour this waste of life.
```

Refrain:

```
Am                G           Am             G           Am
Ah, ah, ah, ah, ah, ah, ah, ah, ah, ah, ah, ah, ah, ah, ah, ah.
```

Verse 3:

```
           Am
But she would not think of battle that reduces men to animals,
 G                          Am
so easy to begin and yet impossible to end.
     Am
For she the mother of all men did council me so wisely then
 G                                   Am
I feared to walk alone again and asked if she would stay.
```

Refrain:

```
Am                G           Am             G           Am
Ah, ah, ah, ah, ah, ah, ah, ah, ah, ah, ah, ah, ah, ah, ah, ah.
```

HOME ON THE RANGE
(EINFACHE VERSION)

AKKORDE

Dieser sentimentale Cowboy-Song aus dem 19. Jahrhundert wurde 1947 trotz einiger Kontroversen zum offiziellen „State Song“ des US-Bundesstaates Kansas gewählt. Die drei im Song verwendeten Akkorde stelle ich dir hier vor: **C - F - G,** das sind die drei wichtigsten Akkorde der Tonart C-Dur, auf den Stufen **I - IV - V**. Die Abfolge dieser drei Akkorde nennt man in der Musik *Kadenz*.

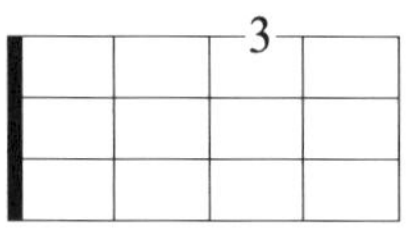

C

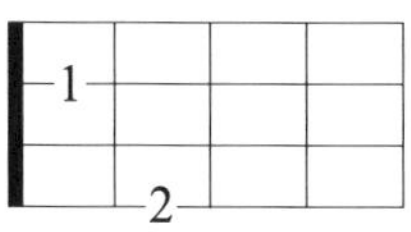

F

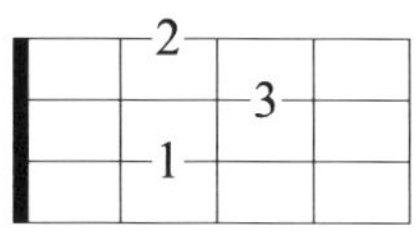

G

RHYTHMUS

Der 3/4-Takt wird wieder mit starker Betonung auf der Zählzeit **1** gespielt.

Verschiedene Strummings:

1) Zuerst nur punktierte Halbe, also ein Akkord pro Takt (siehe „Oh My Darling Clementine“, S. 12)
2) Nur Viertel (s. „Oh My Darling Clementine“, S. 12)
3) Eine Viertel, zwei Achtel, eine Viertel
4) Eine Viertel, vier Achtel

Interessant klingt es, wenn du im Song die verschiedenen Strummings miteinander kombinierst.

Du möchtest noch eine erweiterte Version dieses Liedes spielen, einige neue Akkorde und Strummings lernen? Auf Seite 90–92 findest du sie!

3)

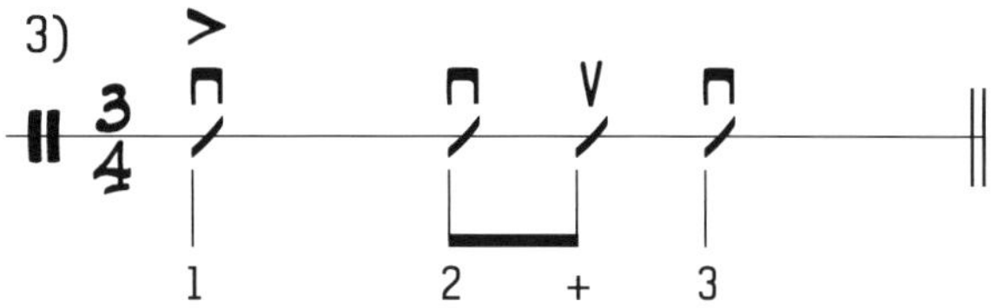

4)

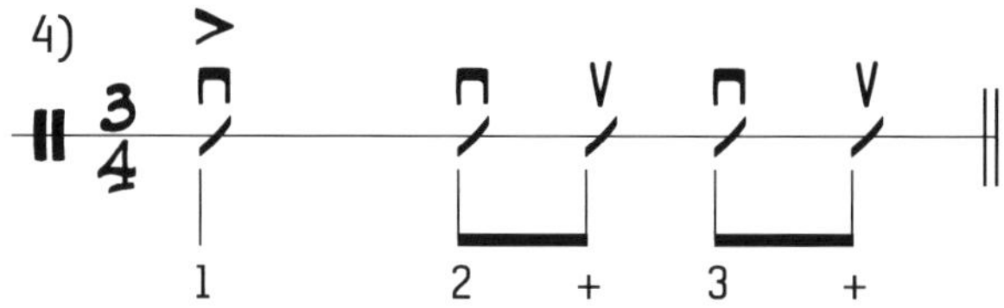

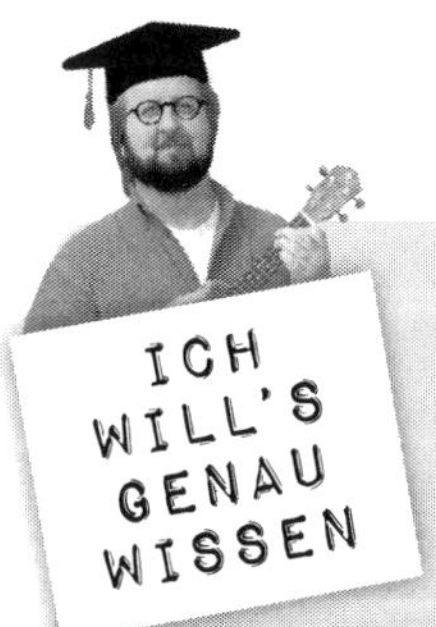

Was ist ein Akkord und wie ist er aufgebaut?

Als *Akkord* bezeichnet man den Zusammenklang von mindestens drei Tönen. Im Wesentlichen sind dies: der *Grundton* (1. Ton der Tonleiter), die *Terz* (3. Ton der Tonleiter) und die *Quinte* (5. Ton der Tonleiter). Diesen drei Tönen können nun zusätzlich andere Töne hinzugefügt werden und der Klang verändert sich dadurch. Am häufigsten wird die *kleine Septime* (7. Ton der Tonleiter, um einen Halbton erniedrigt) hinzugefügt. Das Symbol sieht dann so aus: $\mathbf{G^7}$, $\mathbf{C^7}$, $\mathbf{D^7}$. Kommt die *große Septime* (7. Ton der Tonleiter), spricht man vom *Major-Sieben-Akkord*. Akkordsymbole: $\mathbf{G^{maj7}}$ oder $\mathbf{Cj^7}$, $\mathbf{Dj^7}$. Setzt man die *None* (9. Ton der Tonleiter) zusätzlich zur 7, sieht das Symbol so aus: $\mathbf{G^{7/9}}$

HOME ON THE RANGE
(EINFACHE VERSION)

(Tonart C-Dur)

Traditional

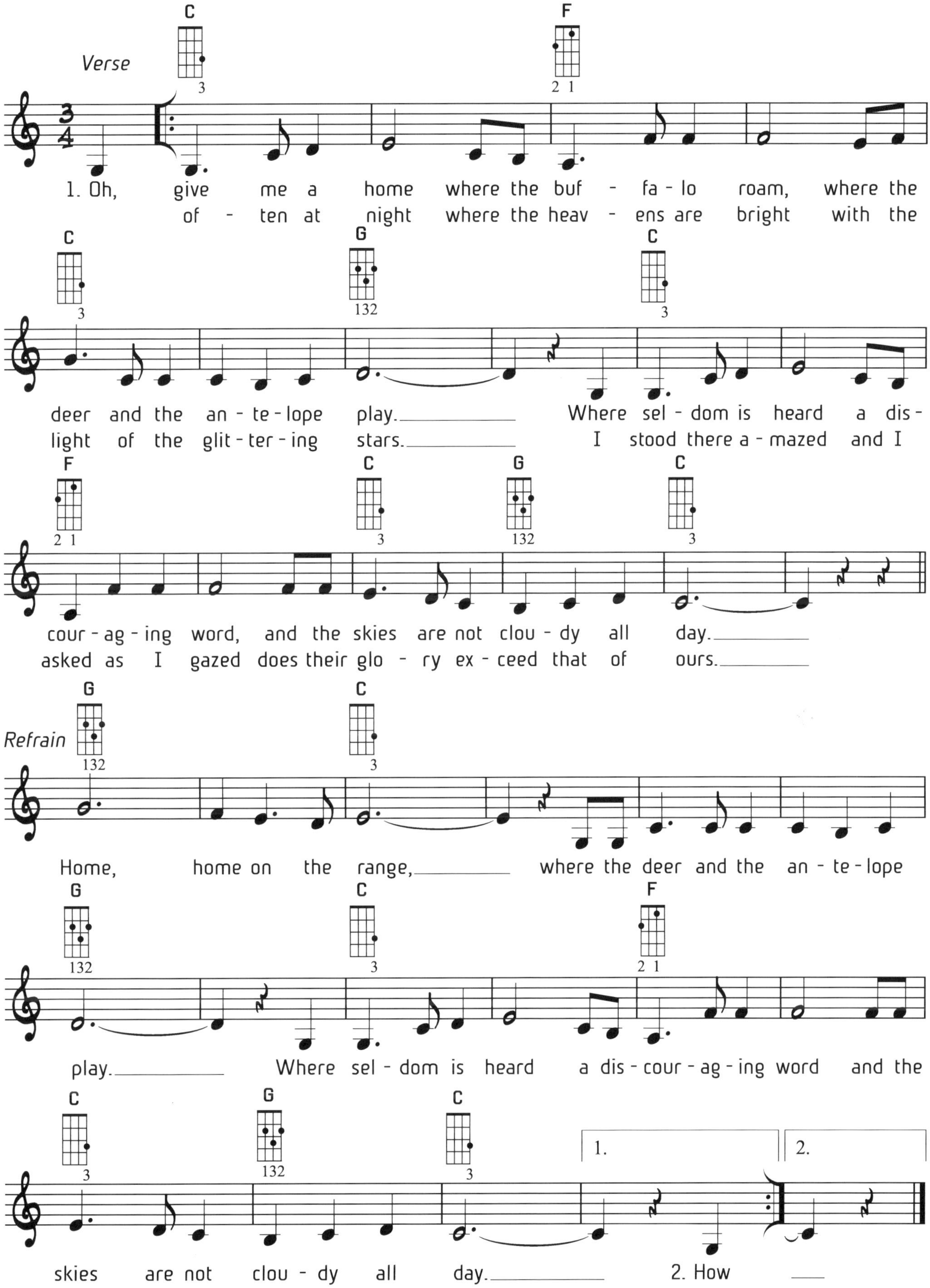

SCARBOROUGH FAIR
(EINFACHE VERSION)

AKKORDE

Bei diesem englischen Lied aus dem Mittelalter fällt einem sofort die wunderschöne Aufnahme von *Simon & Garfunkel* ein, die es grandios zum Leben erweckt haben. Ich habe wieder zwei Versionen geschrieben. Hier kommt die erste, leichte Version zum Einstieg. Zwei neue Akkorde möchte ich dir hier vorstellen: **Dm** und **C**^{6}, der auch **Am**^{7} heißen kann (der absolute Lieblingsakkord aller Uke-Spieler!). Kein Finger greift - du spielst nur die leeren Saiten.

Dm nach **C**: Der **4.** Finger wird in der Luft vorbereitet!

Dm C C^{6} Am^{7}

RHYTHMUS

Dieser 3/4-Takt hat eine Betonung auf der **1** und die Achtel werden *gerade* gespielt.

Ich habe wieder vier Schlagmuster für dich:

1) Du schlägst nur den ersten Akkord jedes Taktes an.
2) Nur Viertel
3) Eine Viertel, zwei Achtel, eine Viertel
4) Eine Viertel, vier Achtel

Du möchtest noch eine interessante Version zu diesem Lied spielen und gleich einige neue Akkorde lernen? Auf Seite 84/85 findest du sie!

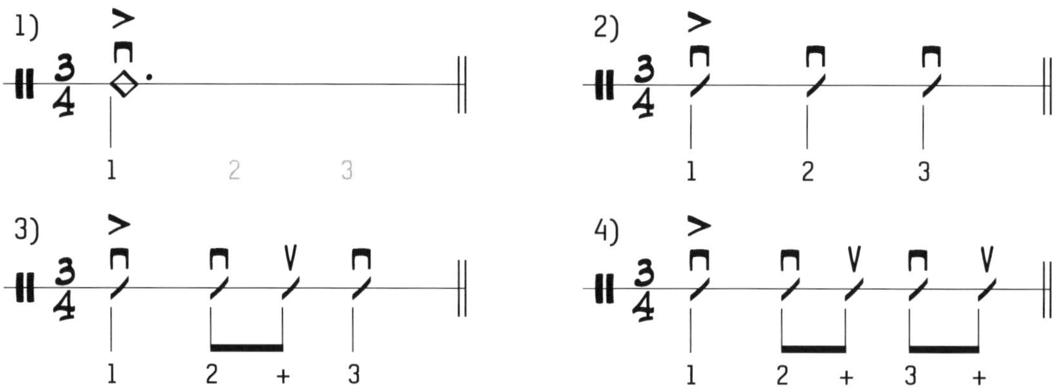

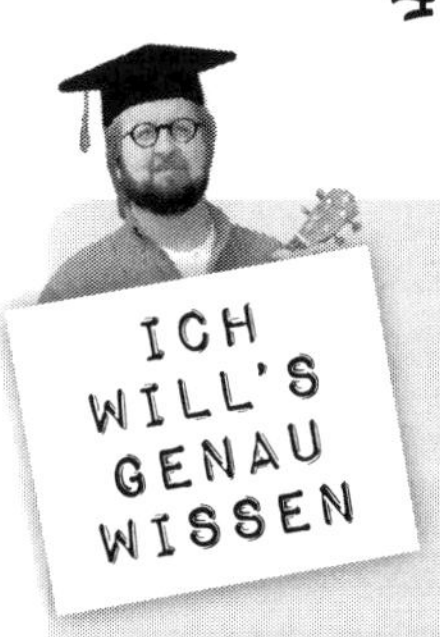

Der Name des Liedes lässt sich auf die englische Stadt Scarborough zurückführen, die ein wichtiger Treffpunkt für Kaufleute aus ganz England war. Am 15. August jedes Jahres begann dort eine 45-tägige große Handelsmesse, genannt *Scarborough Fair*. Als diese Messe im 19. Jahrhundert ihr Ende fand, wurde der Name „Scarborough Fair" für ein Musikfestival verwendet. Das Lied entstammt vermutlich dem 16. oder 17. Jahrhundert. Es ist möglich, dass es aus der schottischen Folk-Ballade „The Elfin Knight" entstanden ist. Es wurde, nachdem es von Stadt zu Stadt überliefert wurde, mehrfach verändert. So kommt es, dass heute dutzende Strophen existieren, wovon meistens nur wenige gesungen werden.

09/10/11

SCARBOROUGH FAIR

(EINFACHE VERSION)

(Tonart d Dorisch)

Traditional

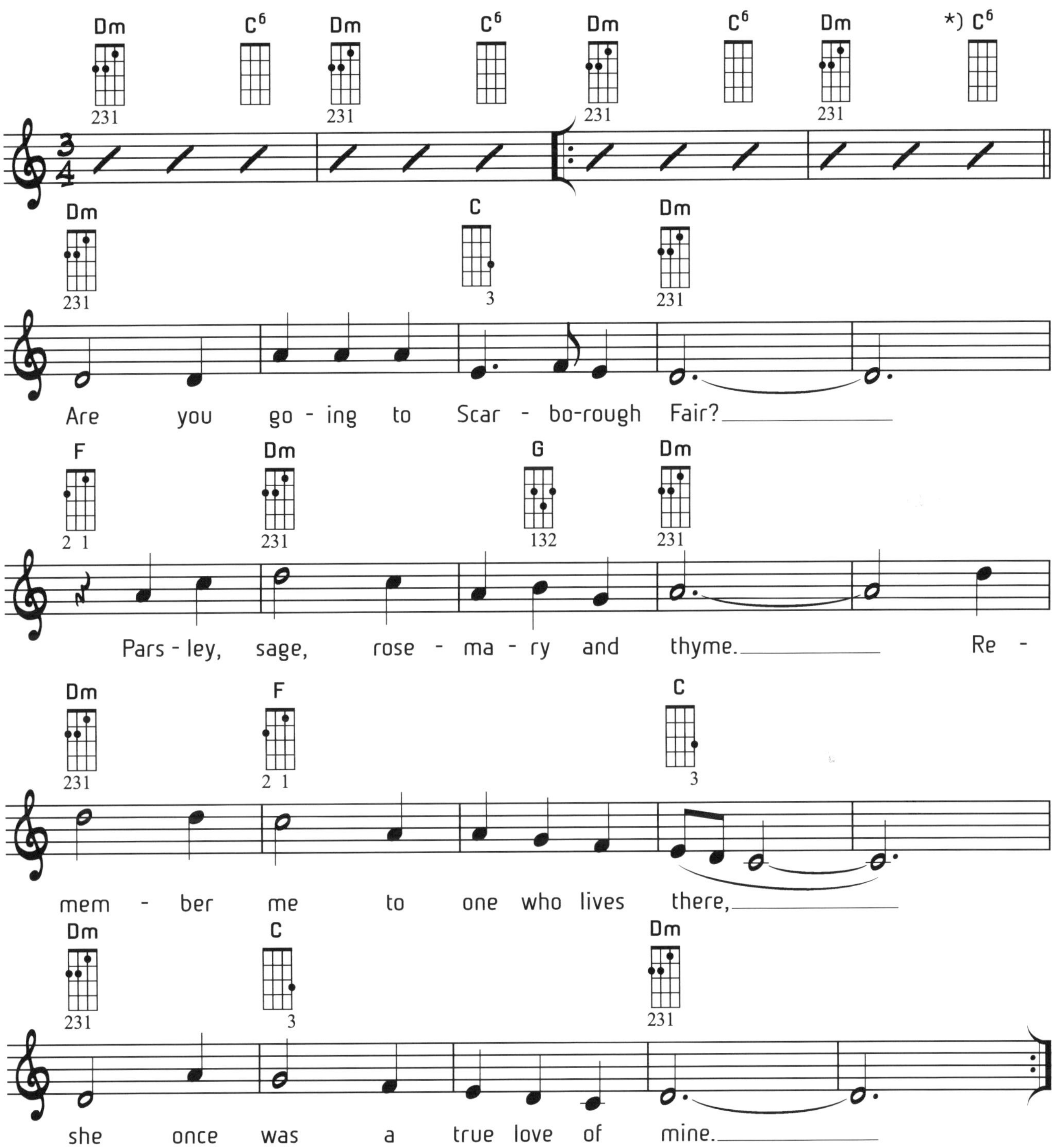

*) nur bei Wiederholung

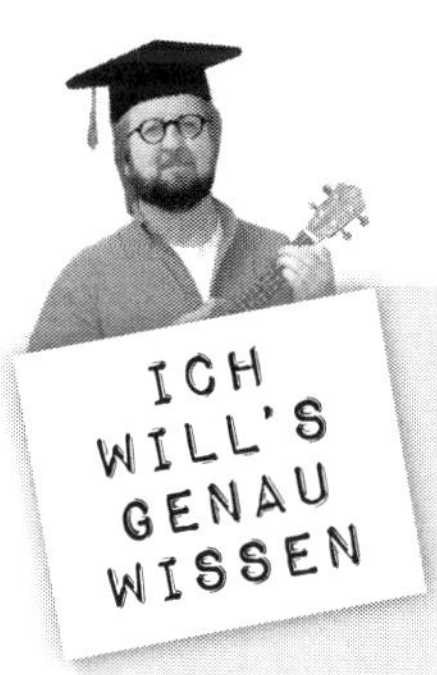

Der Modus *dorisch* ist eine der alten sog. *Kirchentonarten,* mit Ursprung im antiken Griechenland. So klingt *dorisch* ähnlich wie unser *D-Moll,* hat aber den Ton **h** in der Tonleiter, der bei *d-Moll* zum **b** erniedrigt wird. Die Tonleiter hat dadurch für unser Ohr einen etwas altertümlichen „Sound".

MY BONNIE IS OVER THE OCEAN
(EINFACHE VERSION)

AKKORDE

Im schottischen Folksong „My Bonnie“ geht es um die Sehnsucht nach der „Hübschen“, die nach der Auswanderung auf der anderen Seite des Atlantiks lebt. In dieser einfachen Version kommen nur die Akkorde **C - F - G⁷** vor, also die Stufen **I - IV -V** der Tonart C-Dur.

Wechsel G⁷ nach C:
Der 3. Finger gleitet einen Bund höher.

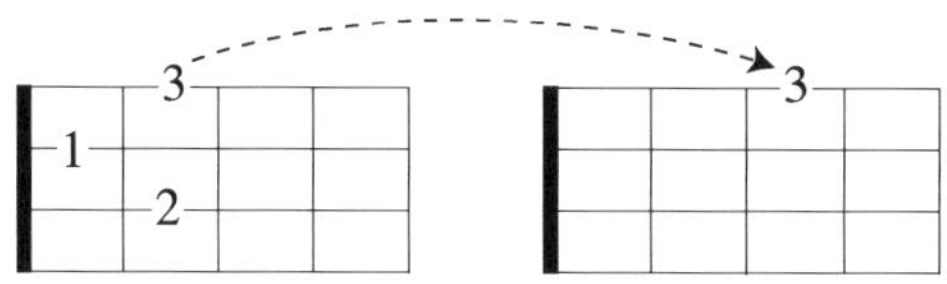

G⁷ C

RHYTHMUS

Wir beschäftigen uns jetzt mit einer neuen Taktart, dem 6/8-Takt. Der 6/8-Takt ist aus zwei Dreiergruppen von Achteln zusammengesetzt. Dabei wird die **1** stark betont und die **4** etwas schwächer. Im 3/4-Takt wird nur die **1** stark betont. Deshalb kann man den Unterschied zwischen 6-er und 3-er Takten auch gut hören.

Ich habe wieder einige Strummings für dich notiert:

1) Du schlägst den Akkord zweimal pro Takt an (punktierte Viertel).

2) Nur Achtel

3+4) Achtel mit Sechzehnteln kombiniert

Für den Song kannst du jedes Strumming verwenden oder auch verschiedene Strummings kombinieren. Probier es einfach aus. Du möchtest noch eine weitere Version dieses Liedes spielen und dazu einige interessante Akkorde lernen? Auf Seite 86/87 findest du sie!

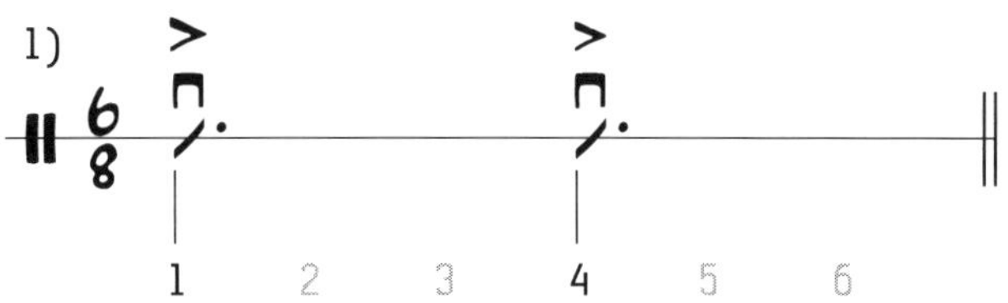

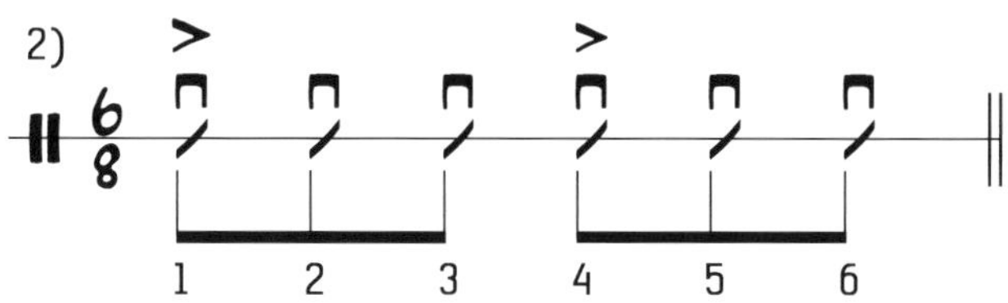

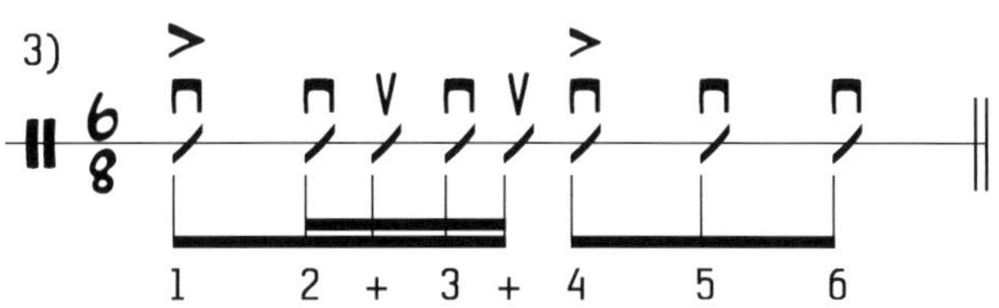

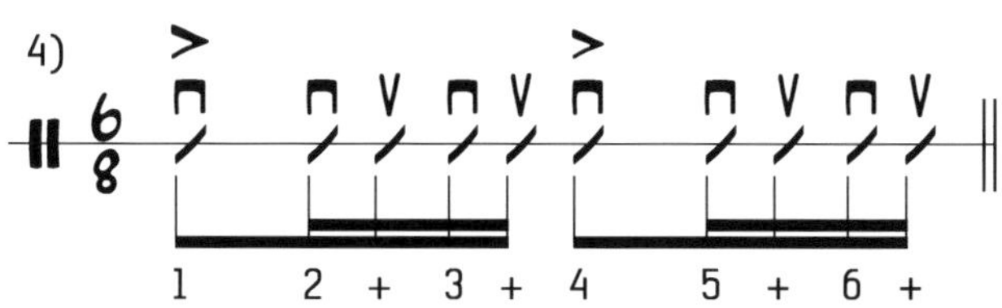

MY BONNIE IS OVER THE OCEAN
(EINFACHE VERSION)

Traditional

(Tonart C-Dur)

Verse

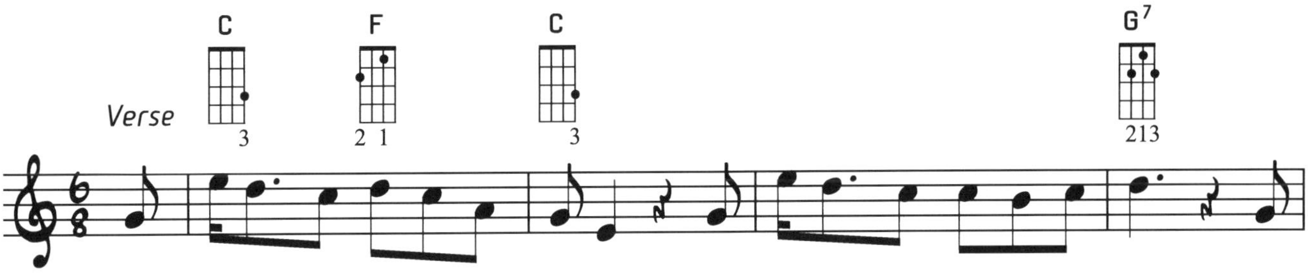

1. My Bon-nie is o-ver the o-cean, my Bon-nie is o-ver the sea, my
2. Last night as I lay on my pil-low, last night as I lay on my bed, last
3. Oh blow the winds o-ver the o-cean and blow the winds ov-er the sea. Oh

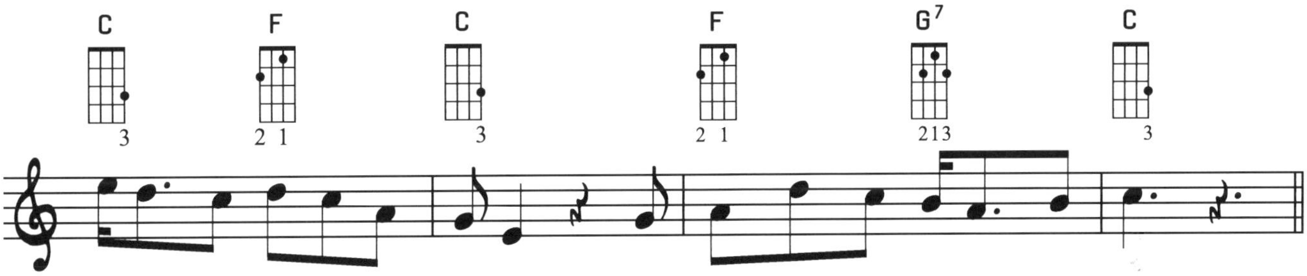

Bon-nie is o-ver the o-cean, oh bring back my Bon-nie to me.
night as I lay on my pil-low I dreamt that my Bon-nie was dead.
blow the winds o-ver the o-cean and bring back my Bon-nie to me.

Refrain

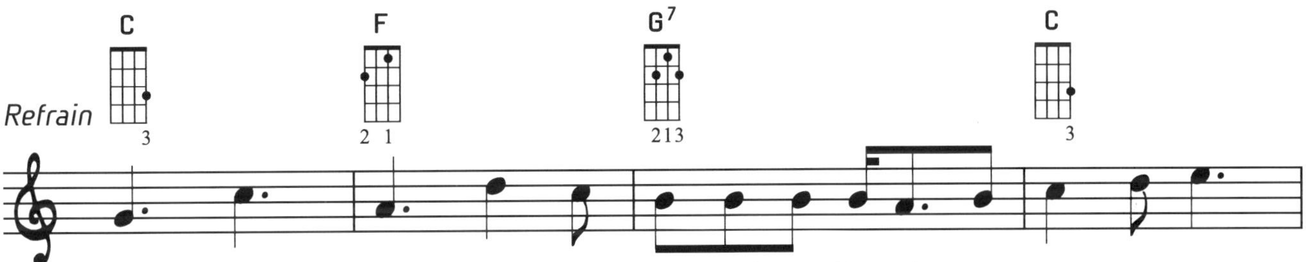

Bring back, bring back, oh bring back my Bon-nie to me, to me,

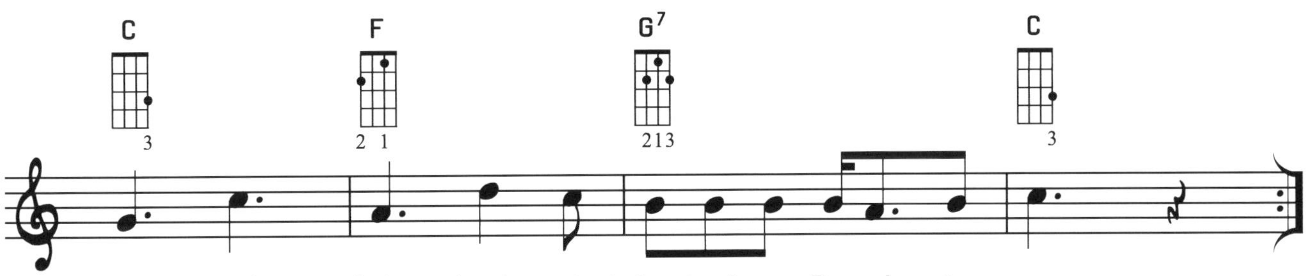

bring back, bring back, oh bring back my Bon-nie to me.

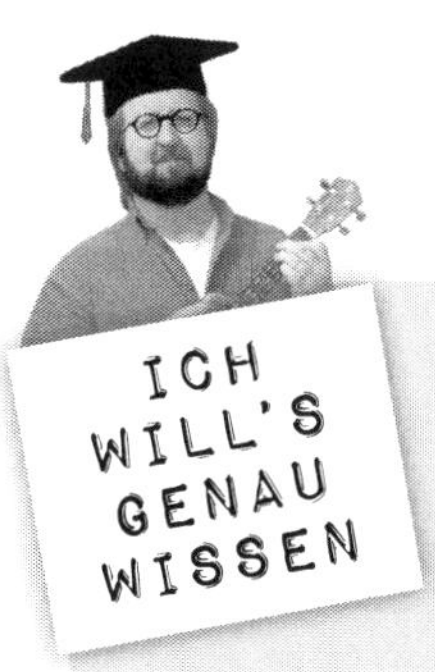

Der *6/8-Takt* ist ein besonderer Takt. Du kannst ihn durch zwei teilen (gerade), gleichzeitig erhältst du zwei ungerade Dreiergruppen. Die Hauptzählzeiten sind Zahlen von 1 bis 6 für die Achtel und die Nebenzählzeiten sind hier Sechzehntel, die mit „+“ (sprich: „und“) gezählt werden. Der 6/8-Takt erzeugt einen „Schwung“, der dem 3/4-Takt ähnlich ist. Sie unterscheiden sich nur durch die Betonungen innerhalb der Takte.

CHAN CHAN

AKKORDE

Das wunderschön melancholische Lied des kubanischen Musikers *Compay Segundo* findest du auf dem Album *Buena Vista Social Club* von *Ry Cooder*. Die Akkordfolge bleibt während des ganzen Songs gleich. Die Akkordverbindungen stelle ich dir jetzt vor. Der neue Akkord **A^7/4** ist ganz einfach zu greifen.

Dm nach **F**: Die Finger **1** und **2** bleiben liegen.

A^7/4 greifst du mit dem **3.** Finger, **1** und **2** können sich so gut vorbereiten.

RHYTHMUS

Der Rhythmus wird im *16tel-Feeling* mit Betonungen auf den „vorgezogenen Schlägen" gespielt. Im ersten Takt ist dies die **2+** (vorgezogene 3). Im zweiten Takt sind es die **1+e** (siehe unten, vorgezogene 2) und wieder die **2+** (vorgezogene 3). Du näherst dich dem Rhythmus am besten, indem deine rechte Hand die *16tel* durchgehend schlägt und du nur die „vorgezogenen Schläge" hervorhebst. Der Rhythmus bleibt, wie die Akkordfolge, während des ganzen Songs unverändert.

die „vorgezogene 3"

die „vorgezogene 3"

die „vorgezogene 2"

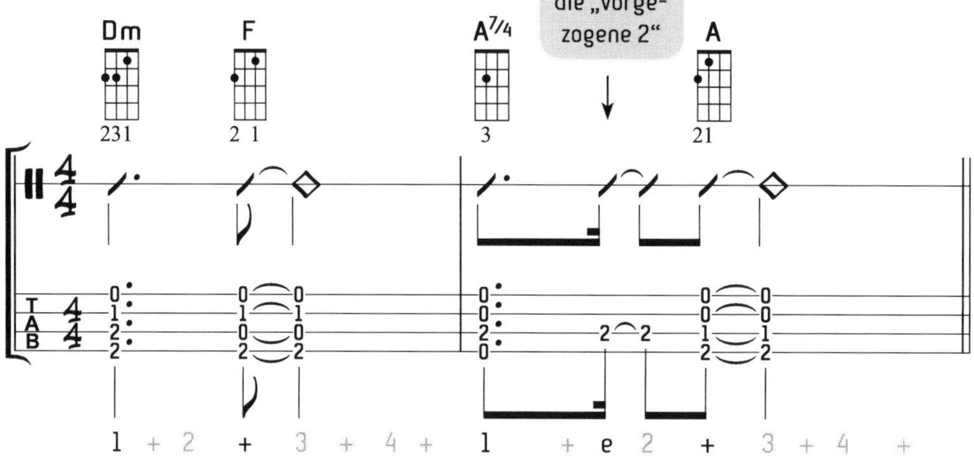

Besonders schön klingt es, wenn du hier nur die dritte Saite anschlägst.

Strummings:

1) Den Rhythmus mit zwei Anschlägen pro Takt

2) Sechzehntel mit Betonungen auf 1 und 2+ sowie 1, 1+e und 2+. Die unbetonten Sechzehntel solltest du sehr leise spielen. Diesen Rhythmus spielst du während des ganzen Songs.

1)

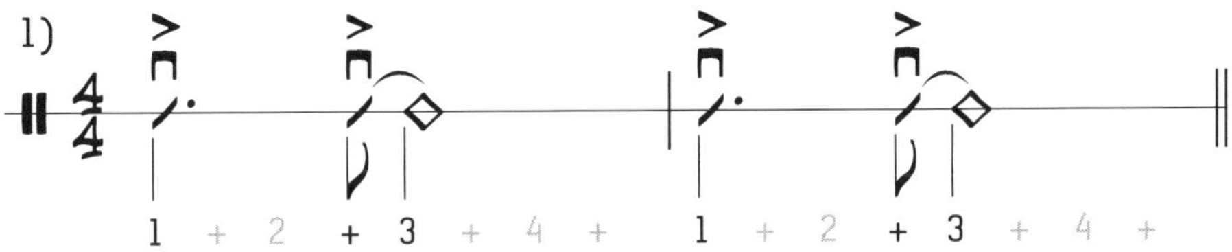

2)

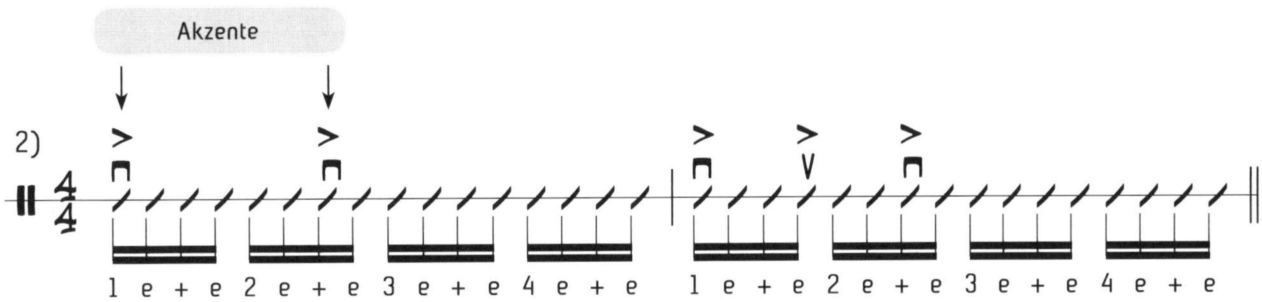

12/13/14

CHAN CHAN

(Tonart d-Moll)

Musik & Text:
Francisco Repilado

Intro: **Dm F | $A^{7/4}$ A |** *(play 3x)*

Refrain:
Dm F $A^{7/4}$ A Dm F | $A^{7/4}$ A |
De Alto Cedro voy para Marcané, llego a Cueto, voy para Mayarí. *(play 3x)*

Dm F | $A^{7/4}$ A |

Verse:
Dm F $A^{7/4}$ A
El cariño que te tengo no te lo puedo negar.
Dm F $A^{7/4}$ A
Se me sale la babita yo no lo puedo evitar.

Dm F | $A^{7/4}$ A |

Refrain:
Dm F $A^{7/4}$ A Dm F | $A^{7/4}$ A |
De Alto Cedro voy para Marcané, llego a Cueto, voy para Mayarí.

(play 3x & fade out)

TOM DOOLEY

AKKORDE

Der amerikanische Folksong vom Ende des 19. Jahrhunderts wurde schon von unzähligen Künstlern interpretiert, zum Beispiel von der Skiffle-Legende *Lonnie Donnegan*. Er ist sehr einfach und wird im Ursprung mit nur zwei Akkorden begleitet **(F - C^7 = I - V).** In meiner Version spielst du zusätzlich noch den Wechsel von **Gm** nach **C^7 (II - V),** der sehr leicht zu greifen ist und Spaß macht.

Wechsel **C^7** nach **Gm**: Der **1.** Finger bleibt liegen, **2.** und **3.** Finger kommen dazu.

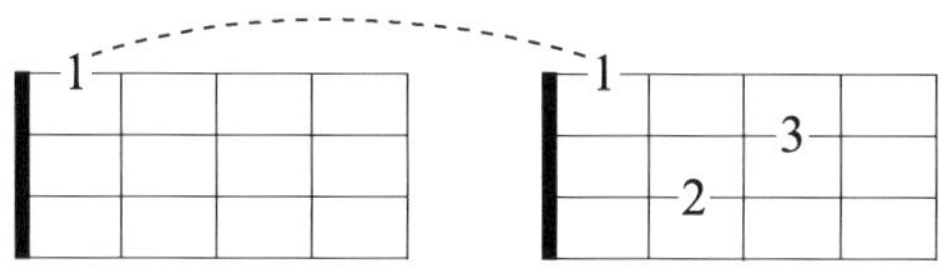

C^7 Gm

RHYTHMUS

Mögliche Schlagmuster:

1) Zum Einstieg empfehle ich, nur Halbe zu spielen.
2) Nun verdoppelst du und spielst Viertel.
3) Wenn auch das klappt, spielst du den Rhythmus mit swingenden Achteln (Betonungen auf **2 + 4**).*)

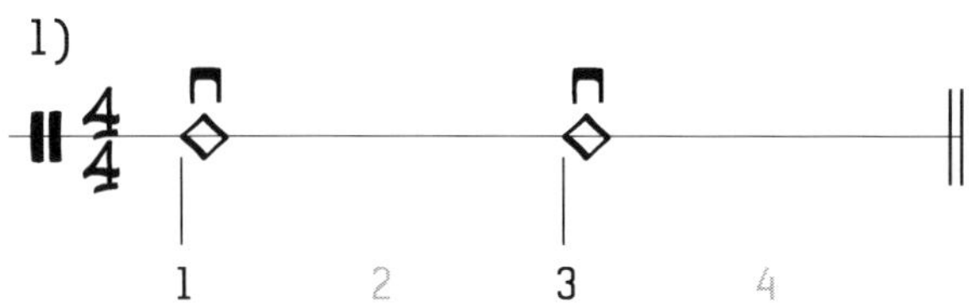

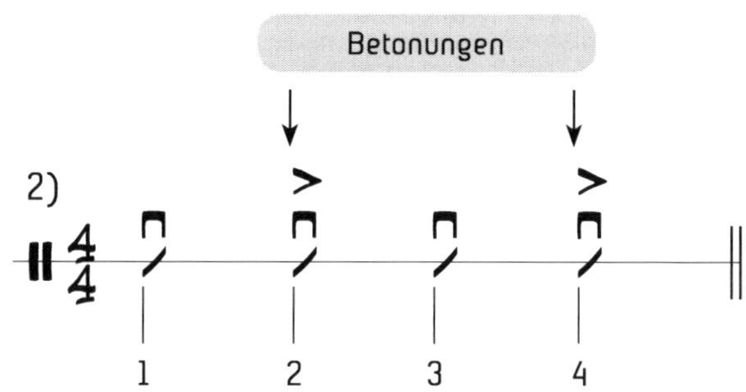

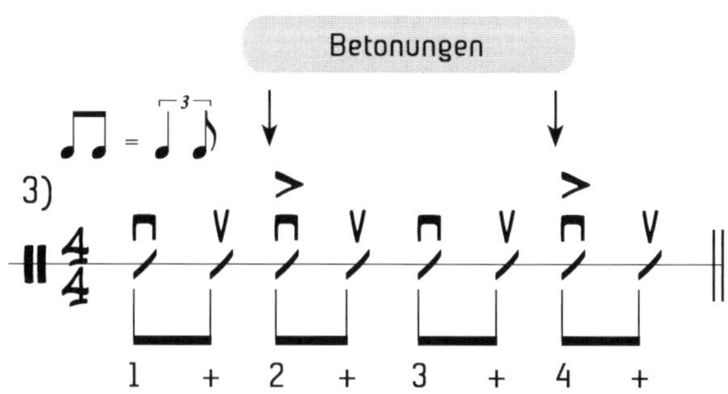

*) Eine Erklärung für die Spielweise *swingend* findest du auf S. 99.

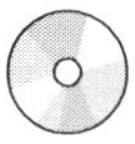

15/16/17

TOM DOOLEY

(Tonart F-Dur)

Traditional

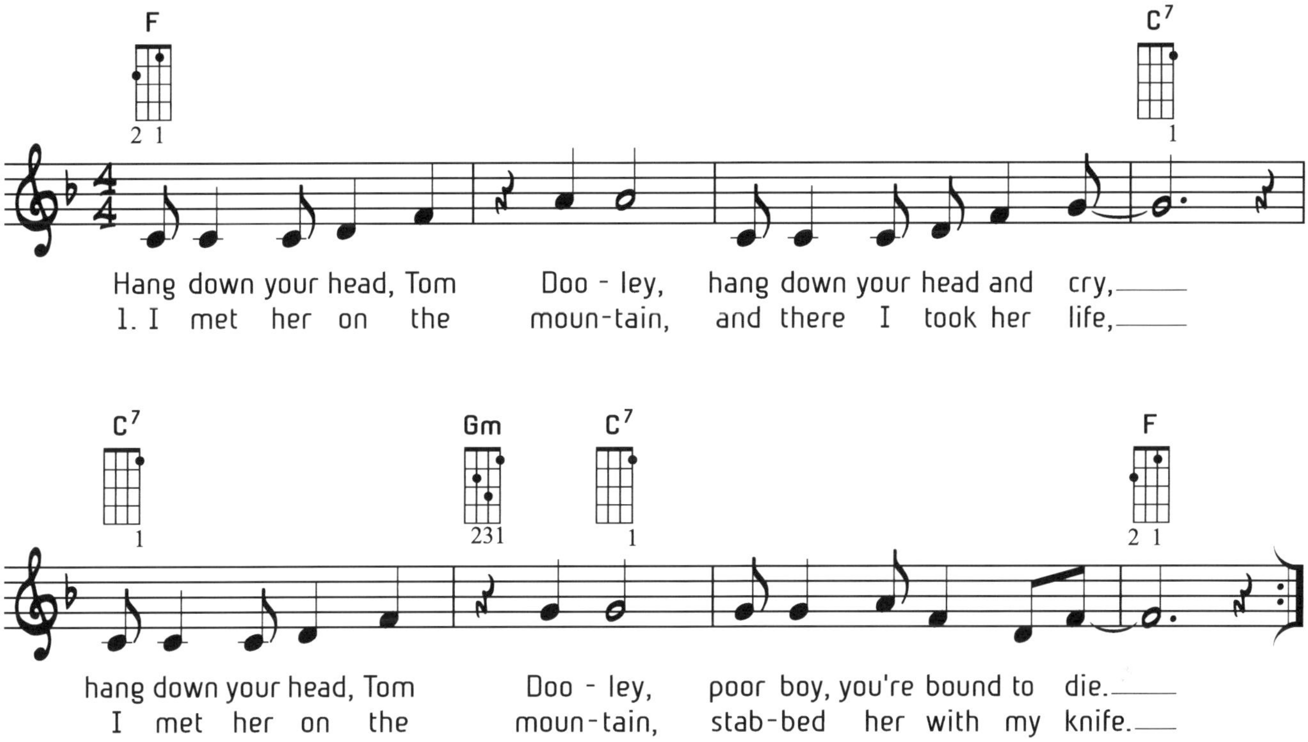

Verse 2: gepfiffen

Verse 3:

F C⁷
Oh this time tomorrow reckon where I'll be
C⁷ Gm C⁷ F
hadn't-a been for Grayson, I'd-a been in Tennessee.

Refrain:

F
Hang down your head, Tom Dooley ...

Verse 4:

F C⁷
Oh this time tomorrow reckon where I'll be
C⁷ Gm C⁷ F
down in some lonesome valley hangin' down a white oak tree.

Refrain:

F
Hang down your head, Tom Dooley ...
Gm C⁷ F Gm C⁷ F
poor boy, you're bound to die, poor boy, you're bound to die ...

LET IT BE

AKKORDE

Paul McCartney schrieb 1969 mit „Let It Be“ einen der bekanntesten Songs der *Beatles*. Er spielt und singt das Original in C-Dur, was auf der Uke sehr leicht zu spielen ist. Die Akkordfolge **C - G - Am - F** entspricht den Stufen **I - V - VI - IV,** ein sogenannter *Four-Chord-Song*. Die Akkorde kennst du bereits.

C nach **G**: Der **2.** Finger gleitet einen Bund tiefer.

Am nach **F**: Der **2.** Finger bleibt liegen.

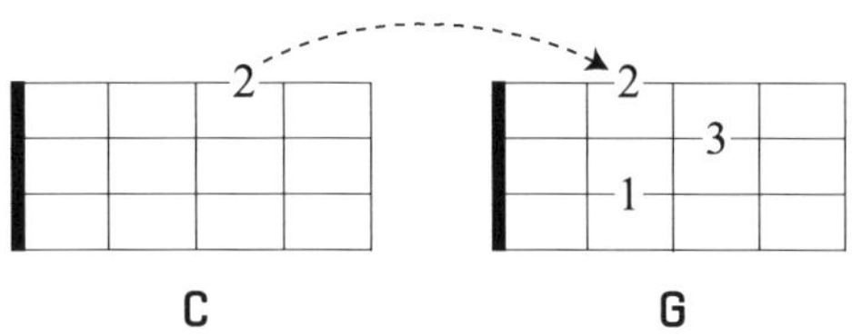

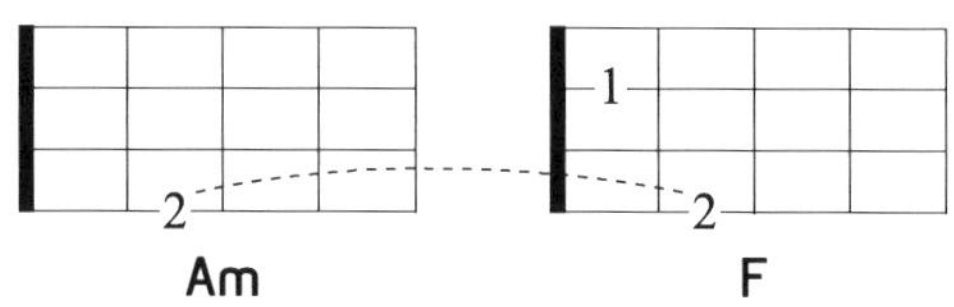

RHYTHMUS

Der 4/4-Takt wird im *8tel-Feeling* mit geraden *Achteln* und Betonungen auf **2** und **4** gespielt.

Strummings:

1) Nur Achtel mit Abschlägen
2) Achtel sowie Sechzehntel auf den *Offbeats* von **2** und **4**

   Die Strummings 1 und 2 kannst du im Song miteinander kombinieren.

Betonungen

1)

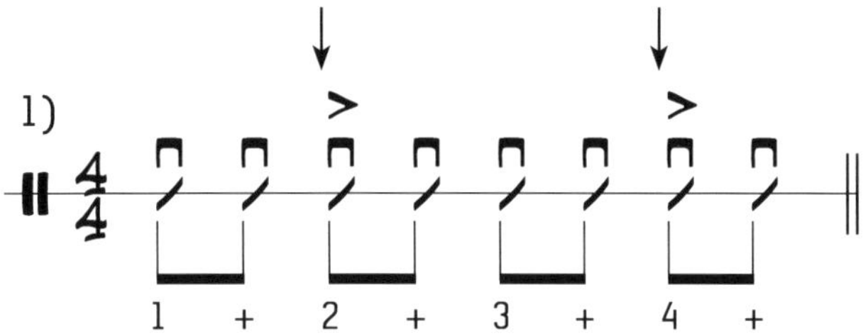

Sechzehntel auf den *Offbeats*

2)

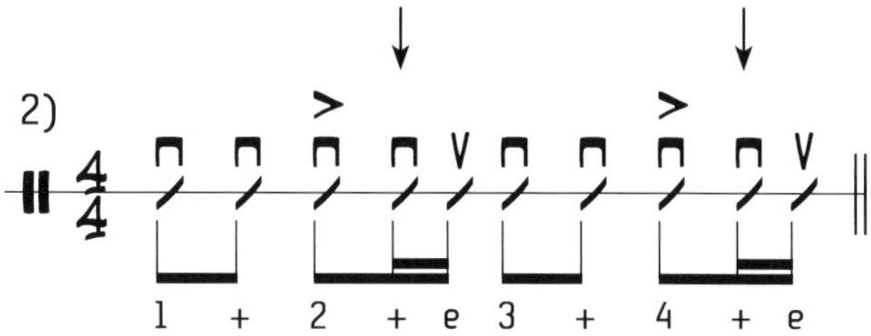

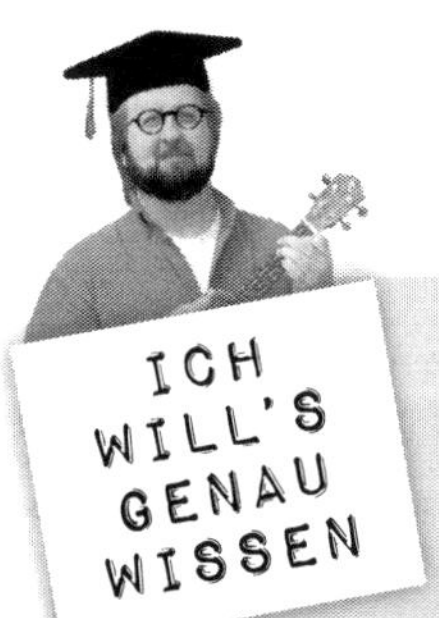

Bei vielen *Four-Chord-Songs* bleibt die Reihenfolge der Akkorde nicht während des ganzen Songverlaufs exakt gleich. Das wäre zwar einfach, aber auch langweilig. Die Reihenfolge kann also variieren und es treten manchmal auch andere Stufen (Akkorde) auf. Wichtig ist nur die Grundstruktur und die ist bei diesen Songs immer gleich.

Es gibt auch andere Grundstrukturen, wie z. B.: **I - V** (Oh My Darling, verschiedene Volkslieder), **I - IV - V** (Home On The Range, Oh! Susannah, Yankee Doodle, My Bonnie u.a.), **I - II - V** etc.

18/19/20

LET IT BE

(Tonart C-Dur)

Musik & Text:
John Lennon & Paul McCartney

Intro: C - G | Am - F | C - G | F - C

Verse 1:

```
        C             G               Am           F
When I find myself in times of trouble mother Mary comes to me,
C                 G             F   C
speaking words of wisdom, let it be.
    C             G              Am                F
And in my hour of darkness she is standing right in front of me,
C                 G             F   C
speaking words of wisdom, let it be.
```

Refrain 1:

```
      Am      C       F        C                    G             F  C
Let it be, let it be, let it be, let it be, whisper words of wisdom, let it be.
```

Verse 2:

```
    C                G               Am          F
And when the broken hearted people living in the world agree,
C               G            F   C
there will be an answer, let it be.
    C                   G              Am               F
For though they may be parted there is still a chance that they will see,
C               G            F   C
there will be an answer, let it be.
```

Refrain 2:

```
      Am      C       F        C                        G            F   C
Let it be, let it be, let it be, let it be, yeah, there will be an answer, let it be.
      Am      C       F        C                    G             F  C
Let it be, let it be, let it be, let it be, whisper words of wisdom, let it be.
```

Interlude: F - C | G F - C | F - C | G F - C |

Guit. Solo: C - G | Am - F | C - G | F - C | C - G | Am - F | C - G | F - C

Refrain 2:

```
      Am      C       F        C                        G            F   C
Let it be, let it be, let it be, let it be, yeah, there will be an answer, let it be.
      Am      C       F        C                    G             F  C
Let it be, let it be, let it be, let it be, whisper words of wisdom, let it be.
```

DON'T WORRY, BE HAPPY

AKKORDE

Als *Bobby McFerrin*, einer der aufregendsten Jazz-Künstler unserer Zeit, den Song „Don't Worry, Be Happy" ohne Instrumente (a capella) aufgenommen hatte, landete er weltweit in den Charts auf Platz 1. Allen, die den Song hören, vermittelt er sofort ein positives Gefühl. Er steht in der Tonart C-Dur und enthält nur drei Akkorde. Der **F**-Dur Akkord erscheint aber in zwei Variationen.

Von **C** nach **Dm** kannst du die Finger **1, 2, 3** schon in der Luft vorbereiten und zusammen aufsetzen.

Von **Dm** nach **F** können die Finger **1** und **2** liegen bleiben.

Von **C** nach **F** kann der **4.** Finger liegen bleiben.

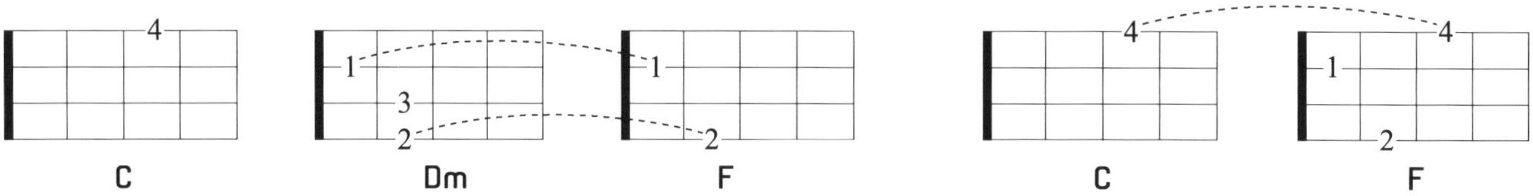

RHYTHMUS

Der Rhythmus kommt vom „Reggae". Die Zählzeiten **2** und **4** werden betont und klingend, die Zählzeiten **1** und **3** unbetont und nicht klingend gespielt. Alle Achtel werden *geshuffelt* gespielt.

Hör dir dazu das Tutorial auf Track 87 an.

Hier klingt der Akkord, die rechte Hand gibt die Saiten wieder frei.

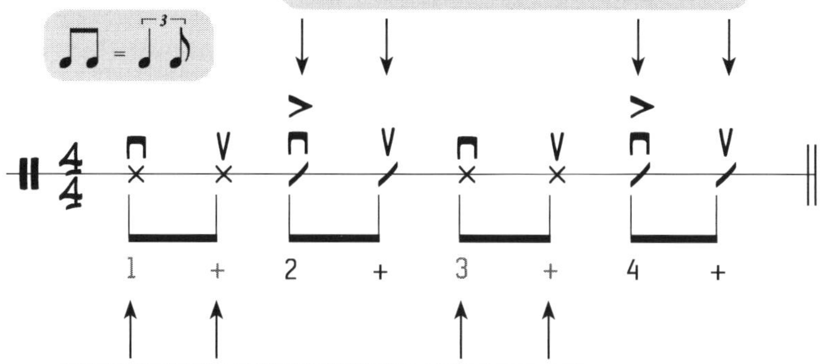

Sog. *Dead Note* (= x): Der Akkord klingt nicht, weil die rechte Hand locker auf den Saiten liegt. Die *Dead Notes* werden auf S. 40 genauer erklärt.

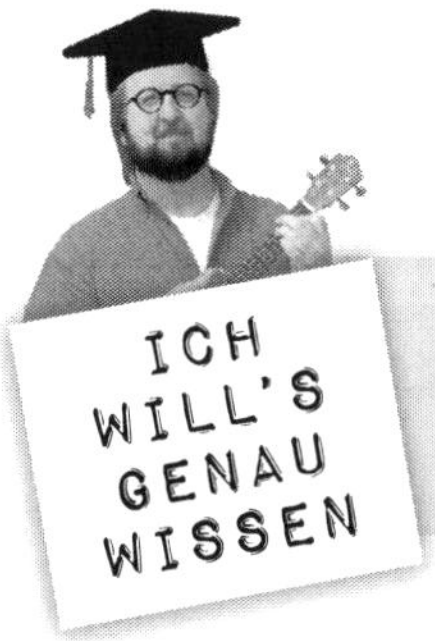

(engl.) Intro .... Einleitung / Vorspiel

(engl.) Outro .... Nachspiel

(engl.) Interlude...... Zwischenspiel

(engl.) fade out ...... ausblenden

21/22/23 DON'T WORRY, BE HAPPY

(Tonart C-Dur)

Musik & Text:
Bobby McFerrin

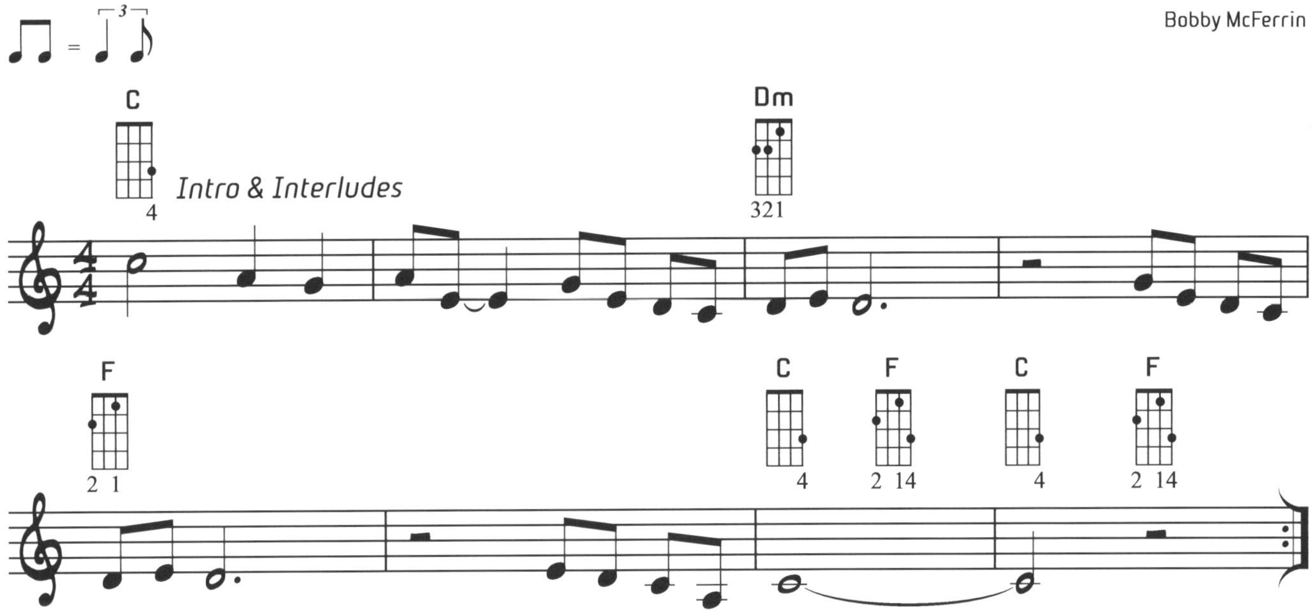

Verse 1:

C Dm
Here's a little song I wrote, you might want to sing it note for note:

F C F C F
Don't worry, be happy!

C Dm
In ev'ry life we have some trouble, but when you worry, you make it double.

F C F C F
Don't worry, be happy!

Interlude:

Verse 2:

C Dm
Ain't got no place to lay your head, somebody came and took your bed.

F C F C F
Don't worry, be happy!

C Dm F C F C F
The Landlord say your rent is late, he may have to litigate. Don't worry, be happy!

Interlude:

Verse 3:

C Dm
Ain't got no cash, ain't got no style, ain't got no girl to make you smile

F C F C F
but don't worry, be happy!

C Dm
'Cause when you worry, your face will frown and that will bring ev'rybody down,

F C F C F
so don't worry, be happy!

Interlude: *3x, last Interlude: fade out*

HEY JUDE

AKKORDE

„Hey Jude“, von *Paul McCartney* komponiert, wurde im August 1968 als Single veröffentlicht und gilt mit etwa 7,5 Millionen verkauften Exemplaren als erfolgreichste Single der Band. Das Original steht in F-Dur, für die Uke habe ich es nach G-Dur transponiert. Die neuen Akkorde **D** und **D**[7] findest du hier.

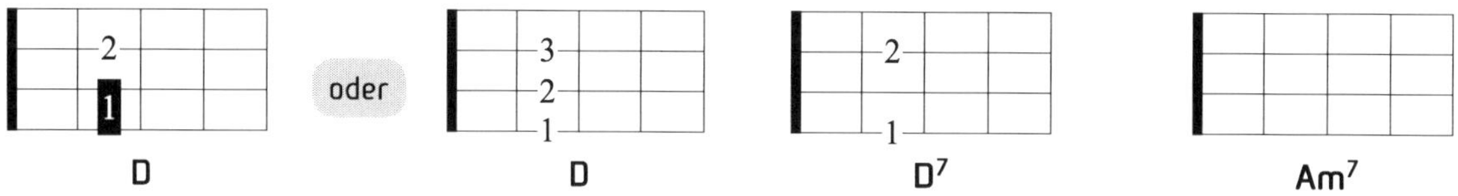

RHYTHMUS

Der 4/4-Takt wird im *8tel-Feeling* mit geraden Achteln und Betonungen auf **2** und **4** gespielt.

Verschiedene Strummings:

1) Nur Achtel mit Abschlägen
2) Probier hier mal aus, ob dir das Sprechen von Rhythmus-Silben hilft.
3) Achtel und Sechzehntel kombiniert, mit einer *Synkope* in der Taktmitte

Tipp: Spiele bei allen Strummings die Achtel auf den Offbeats deutlich leiser, das kommt dem Original-Groove des Stückes sehr nahe (höre dir hierzu das Tutorial auf Track 24 an).

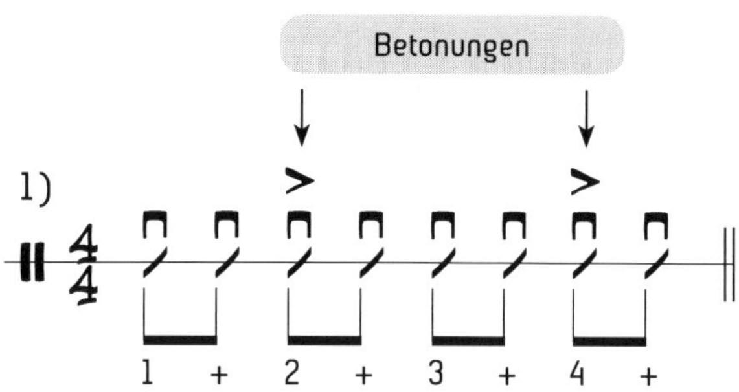

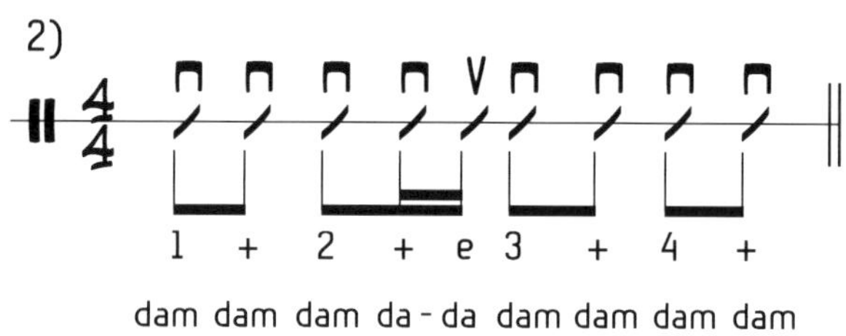

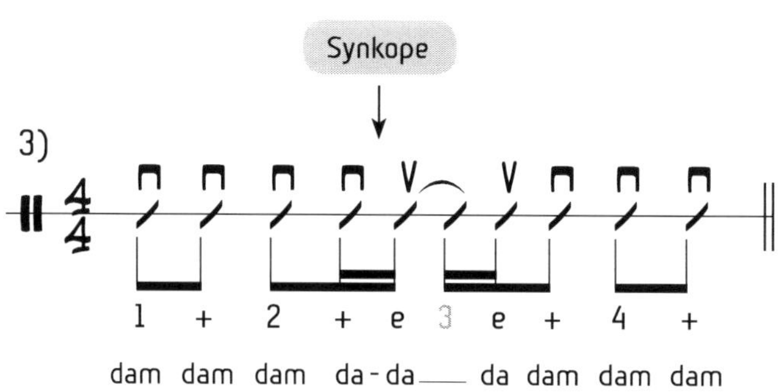

24 (Tutorial)

HEY JUDE

(Tonart G-Dur)

Musik & Text:
John Lennon & Paul McCartney

Verse 1:
```
     G                      D          D7                        G
Hey Jude, don't make it bad, take a sad song and make it better.
   C                                G                     D        D7          G
Remember to let her into your heart, then you can start to make it better.
```

Verse 2:
```
     G                 D                 D7                    G
Hey Jude, don't be afraid, you were made to go out and get her.
     C                                  G                    D      D7           G
The minute you let her under your skin, then you'll begin to make it better.
```

Bridge 1:
```
     G7                       C                   Am           Am7       D7                   G
And any time you feel the pain, hey Jude, refrain, don't carry the world upon your shoulders.
G7                              C                  Am        Am7         D7              G
For well you know that it's a fool, who plays it cool, by making his world a little colder.
          G7       D         D7
Na na na na na - na na na na!
```

Verse 3:
```
     G                     D                D7                         G
Hey Jude, don't let me down, you have found her, now go and get her.
   C                                G                     D        D7          G
Remember to let her into your heart, then you can start to make it better.
```

Bridge 2:
```
G7                        C                 Am          Am7          D7                 G
  So let it out and let it in, hey Jude, begin, you're waiting for someone to perform with
G7                                     C                      Am      Am7           D7
  and don't you know that it's just you, hey Jude, you'll do the moment you need is on your
G                     G7      D         D7
shoulder. Na na na na na - na na na na!
```

Verse 4:
```
     G                      D           D7                         G
Hey Jude, don't make it bad, take a sad song and make it better.
   C                                G                     D        D7          G
Remember to let her into your heart, then you can start to make it better,

better, better, better, better, better, ah!
```

Outro:
```
G          F             C                  G
Na na na  na na na na  na na na na, hey Jude.
```

(repeat many times & fade out)

WHAT SHALL WE DO WITH THE DRUNKEN SAILOR

AKKORDE

Dieses bekannte altenglische Seemannslied hört man oft nur mit den zwei Akkorden **Dm** und **C**. Der dritte Akkord **F** klingt meiner Meinung nach nicht nur besser, sondern ist auch logisch. Das Tempo des Songs sollte nicht zu langsam sein.

Dm nach **C**: Während **1, 2, 3** noch liegen, kannst du den **4.** Finger schon in der Luft vorbereiten und dann aufsetzen.

Bereitet dir der **4.** Finger Probleme? Nimm einfach den **3.** !

Dm nach **F**: Die Finger **1** und **2** bleiben liegen.

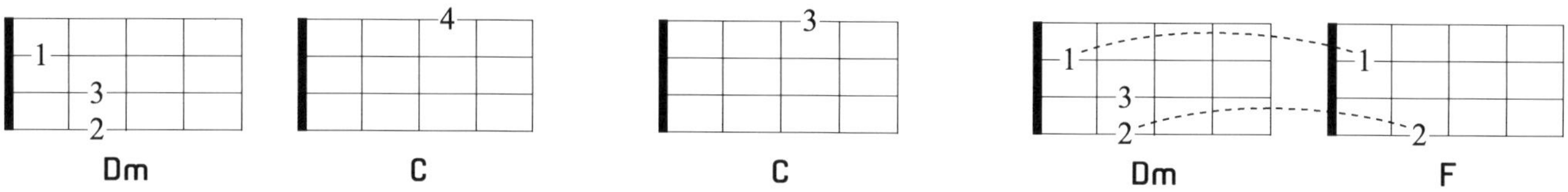

RHYTHMUS

Ein gerader 4/4-Takt mit Betonungen auf **2** und **4**. Die Geschwindigkeit verleiht dem beliebten Lied seine „Power“.

Ich habe wieder einige Schlagmuster für dich notiert:

1) Nur Viertelnoten mit Betonungen auf **2** und **4**
2) Viertel- mit Achtelnoten abwechselnd
3) Eine Viertel-, dann sechs Achtelnoten

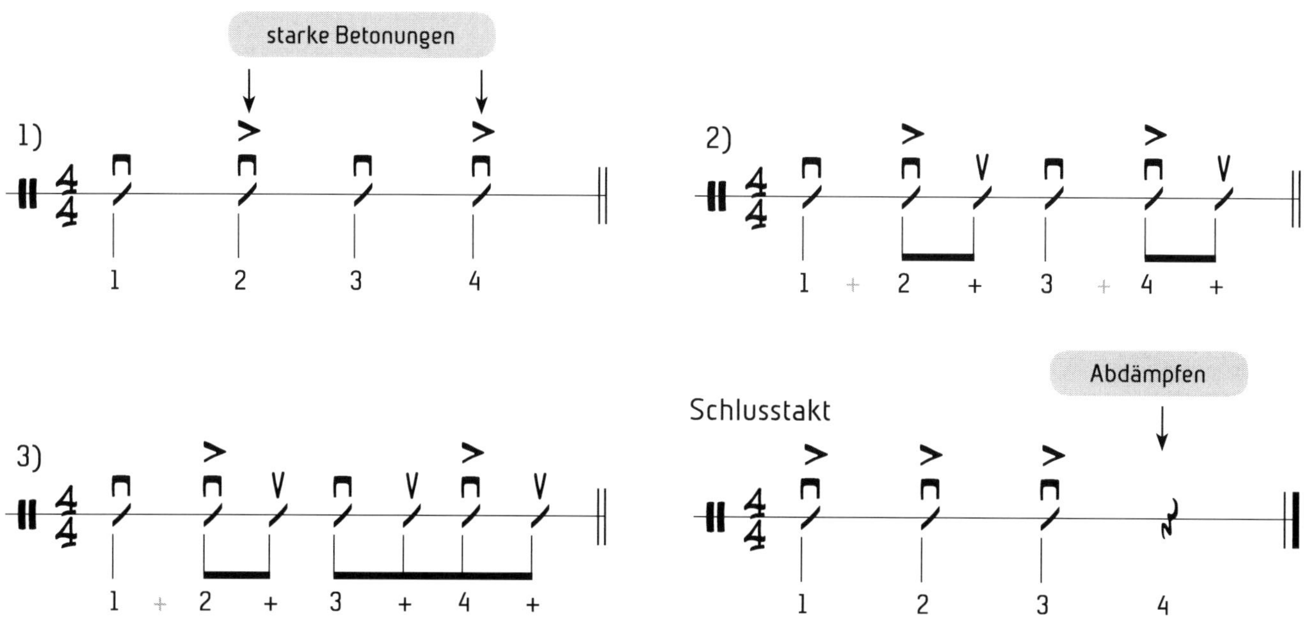

WHAT SHALL WE DO WITH THE DRUNKEN SAILOR

25/26/27

(Tonart d-Dorisch)

Traditional

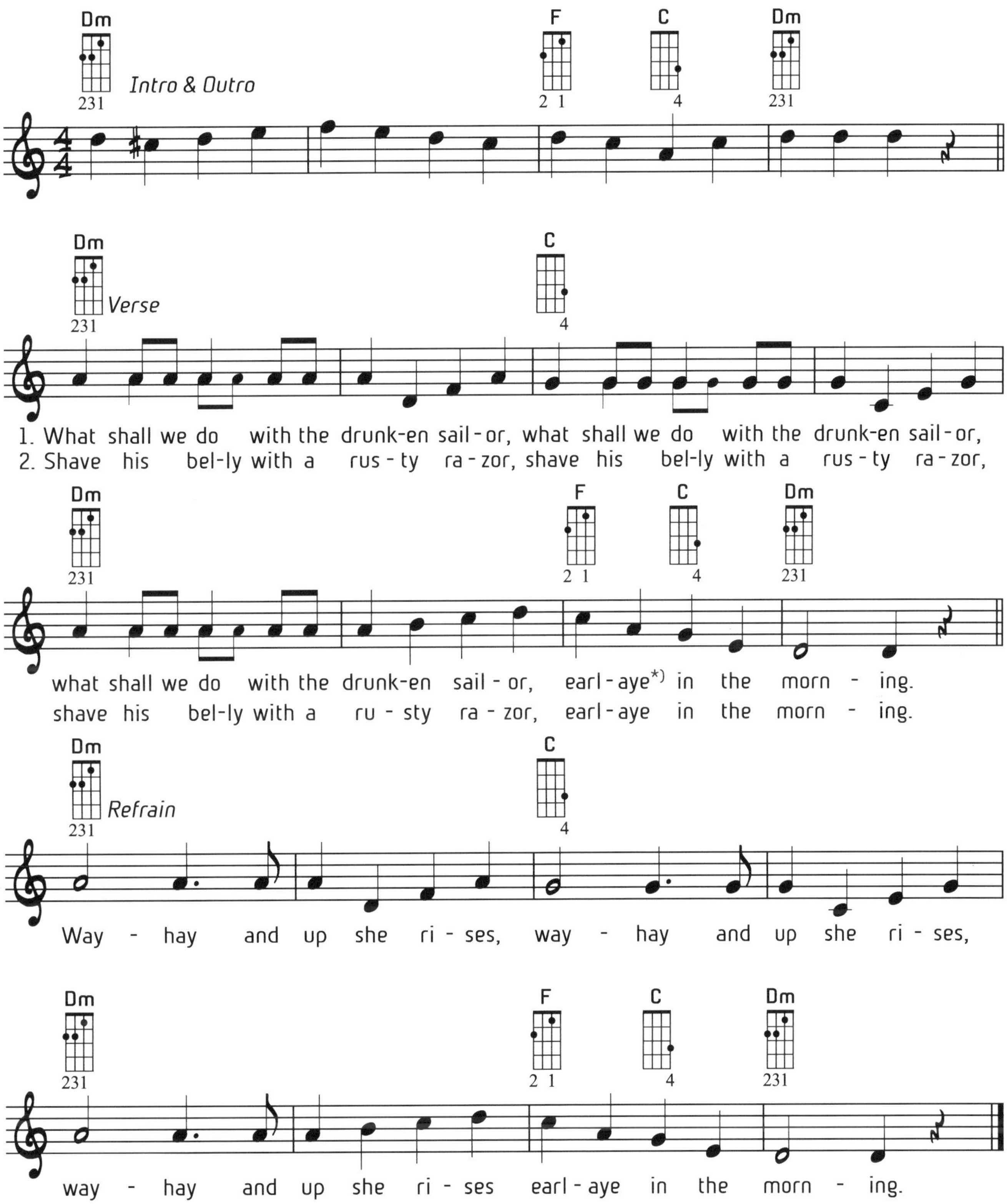

*) *erl-aye* ist die alte Form von *early*.

ONE OF US

AKKORDE

Joan Osborne hatte mit dem Song „One Of Us“ 1995 einen Hit, der um die Welt ging. Im Original singt sie in A-Dur. Ich habe wegen der Spielbarkeit G-Dur gewählt. Hier siehst du die Akkordverbindungen:

Em nach **C:** Der **2.** Finger gleitet zum 3. Bund.

C nach **G:** Der **2.** Finger gleitet zum 2. Bund.

Zu **D** gibt es keine Verbindung.

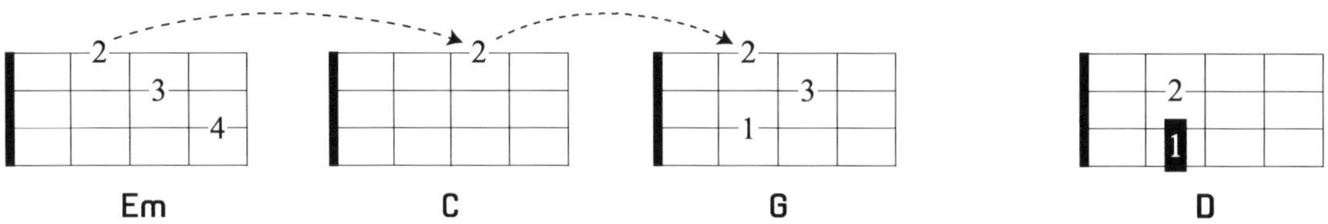

RHYTHMUS

Der gemächlich schleppende 4/4-Takt wird im *8tel-Feeling* mit starken Betonungen auf **2** und **4** gespielt. Den *Groove* bezeichnet man als *laid-back,* d. h. die Achtel treiben nicht, sondern vermitteln ein eher entspanntes, leicht gebremstes Gefühl.

Strummings:

1) Du schlägst zweimal pro Takt an (Halbe).
2) Nur Achtel mit starken Betonungen auf **2** und **4**. Diesen Rhythmus spielst du während des ganzen Songs.

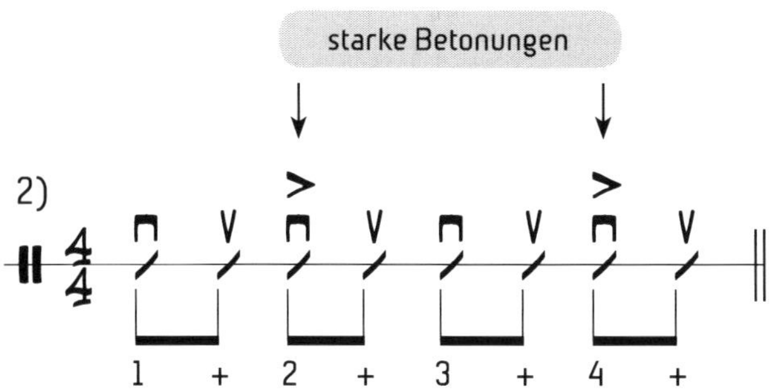

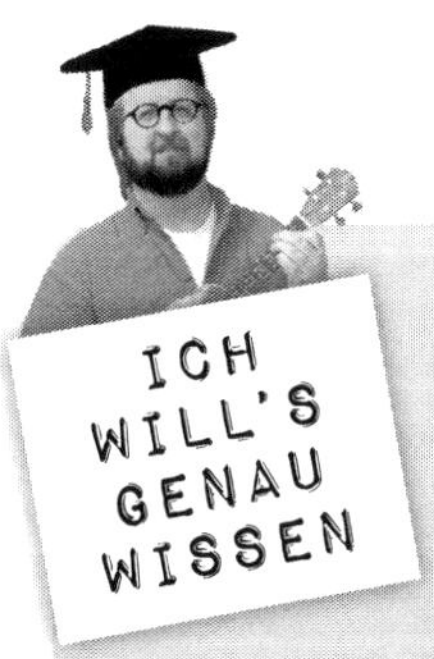

Was versteht man unter *Groove*?

a) Bezeichnung für eine in einem Musikstück typische Rhythmusfigur oder ein rhythmisches Grundmuster.

b) Ein bestimmtes Gefühl, das durch Rhythmus, Spannung und Tempo des Musikstücks erzeugt wird.

c) Das Empfinden eines fließenden bzw. swingenden Rhythmus’ eines Musikstücks, das im Zusammenspiel einer Band hauptsächlich durch die Rhythmusgruppe erzeugt wird und zum Mitwippen, Bewegen und Tanzen animiert.

ONE OF US

(Tonart G-Dur)

Musik & Text: Eric Bazilian

Intro

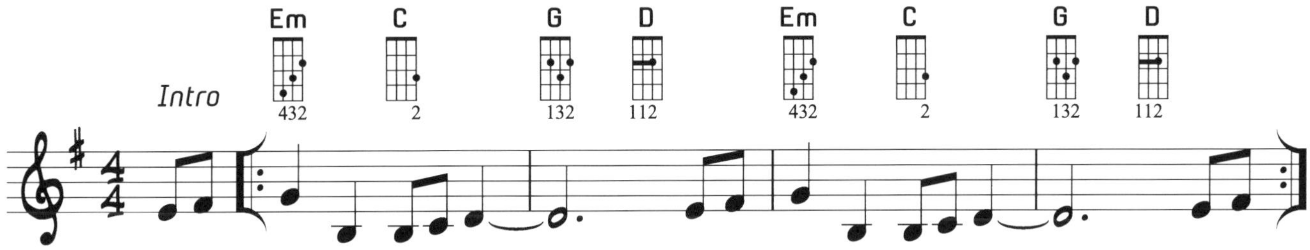

Verse 1:

    Em   C   G   D
    If God had a name, what would it be and would you
    Em   C   G   D
    call it to his face   if you were faced with him in
    Em   C   G   D
    all his glory,   what would you ask if you had
    Em   C   G D
    just one question?
    C   D   C   D   C   D
    Yeah, yeah, God is great, yeah, yeah, God is good, yeah, yeah, yeah, yeah, yeah!

Refrain:

              Em   C   G D   Em   C   G D
    What if God was one of us,   just a slob like one of us,
          Em   C   G   D   Em   C G D
    just a stranger on the bus tryin' to make his way home.

Verse 2:

    Em   C   G   D
    If God had a face, what would it look like, and would
    Em   C   G   D
    you want to see   if seeing meant that you would
    Em   C   G   D
    have to believe,   in things like heaven and in
    Em   C   G   D
    Jesus and the saints   and all his prophets.
       C   D   C   D   C   D
    And yeah, yeah, God is great, yeah, yeah, God is good, yeah, yeah, yeah, yeah, yeah!

Refrain:

              Em   C   G D   Em   C   G D
    What if God was one of us,   just a slob like one of us,
          Em   C   G   D   Em   C G   D   Em   C
    just a stranger on the bus tryin' to make his way home,   trying to make his way home.

    G   D   Em   C G   D   Em   C
      Back up to heaven all alone,   nobody's calling on the phone,
    G   Em   C G
      'cept for the Pope maybe in Rome.

EVERYBODY NEEDS SOMEBODY TO LOVE

AKKORDE

Die Akkordverbindungen des Songs „Everybody Needs Somebody To Love“ der *Blues Brothers* möchte ich dir auf dieser Seite vorstellen. Der Song ist in der Tonart C-Dur aufgenommen, was es für uns einfach macht. Im Original kommt statt **B♭9** ein **B♭**-Akkord. Weil es aber auf der Ukulele mehr Spaß macht und dazu noch sehr gut klingt, habe ich das geändert.

Bei allen Akkorden kann der **4.** Finger liegen bleiben.
Ab **F** bleibt zusätzlich auch der **1.** Finger liegen.

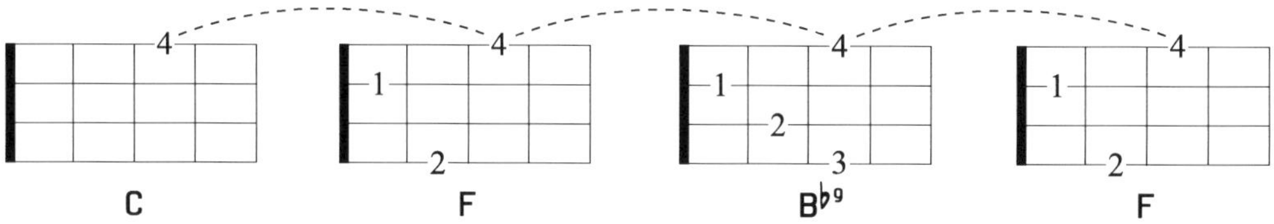

RHYTHMUS

Das *Rhythm & Blues*-Stück steht im schnellen 4/4-Takt. Die Zählzeiten **2** und **4** werden sehr stark betont. Die Zählzeiten 1 und 3 sind unbetont, aber klingend. Bei **1** und **3** ist es sinnvoll, nur die unteren beiden Saiten anzuschlagen. Das unterstützt den „treibenden“ Groove. Zwischen den Vierteln kannst du auch zusätzlich einige Achtel spielen, wenn die Betonungen erhalten bleiben. Die Achtel sind nicht gerade, sondern im *Shuffle**) gespielt.

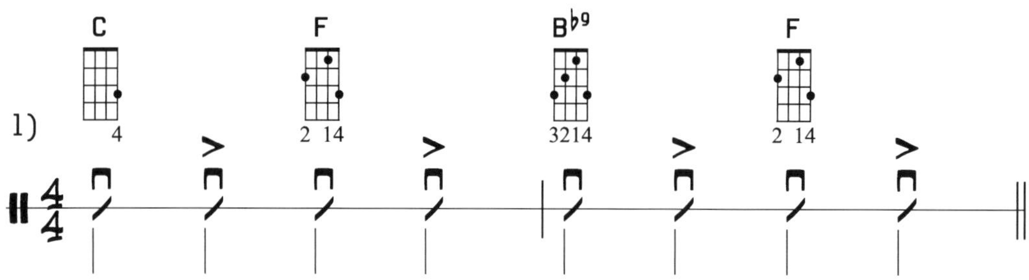

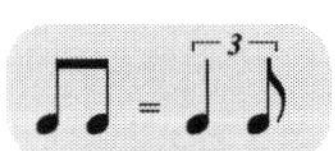

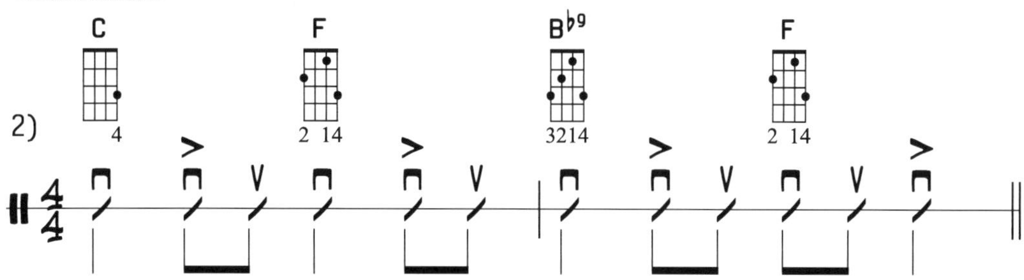

*) Den Begriff *Shuffle* erkläre ich dir auf Seite 99.

31/32/33

EVERYBODY NEEDS SOMEBODY TO LOVE

(Tonart C-Dur)

Musik & Text: Solomon Burke/
Bert Russell/Jerry Wexler

```
Intro:    C  F | B♭9 F | (play 7x)

          C   F   B♭9 F  C        F      B♭9 F
Verse:      Ev'ry - bo - dy    needs   somebo - dy.
          C   F   B♭9 F  C        F      B♭9F     C    F B♭9
            Ev'ry - bo - dy    needs   somebo-dy to love,
          F           C    F           B♭9
          someone to love (someone to love),
          F             C     F             B♭9
          sweetheart to miss (sweetheart to miss),
          F         C    F        B♭9    F
          sugar to kiss (sugar to kiss).
                 C   F   B♭9  F         C   F   B♭9  F
          I need you you you,   I need you you you.        (repeat Verse 2x)

Outro:    C  F | B♭9 F | (play 3x)
```

JAMAICA FAREWELL

AKKORDE

In *Harry Belafontes* Evergreen spielst du immer die Akkordfolge: **D - Em - A - D** bzw. **D - G - A - D**. Es sind dies die Stufen **I - II - V - I / I - IV - V - I** unserer neuen Tonart D-Dur. Bei diesen Akkorden gibt es zwei komfortable Verbindungen.

D nach **Em**: Der **2.** Finger gleitet einen Bund höher, **1.** und **3.** kommen dazu.

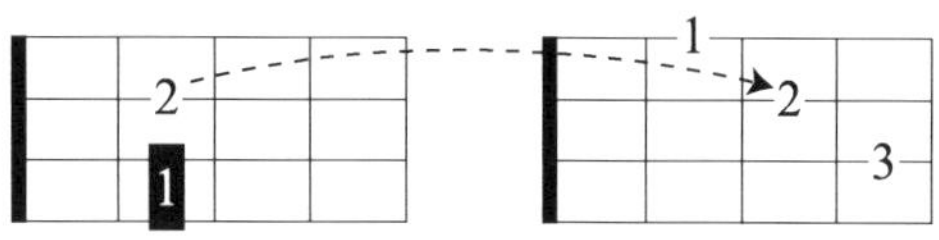

D Em

G nach **A**: Der **1.** Finger gleitet einen Bund tiefer, der **2.** kommt dazu.

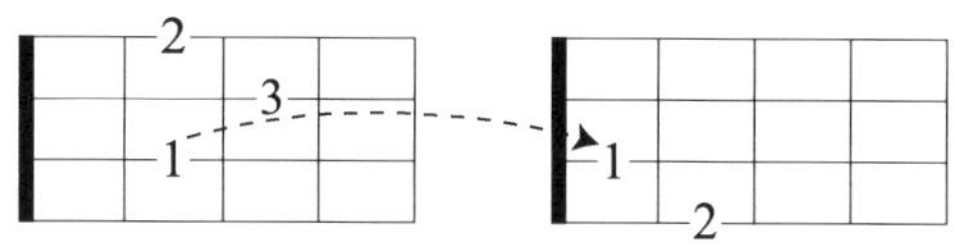

G A

RHYTHMUS

Der wunderbare Rhythmus des *Calypso* vermittelt uns das „easy-feeling" der Karibik. Die Achtel werden *gerade* gespielt. Auf der Zählzeit **2+** entsteht durch den Haltebogen eine *Synkope*, also eine Betonungsverschiebung: Die **3** wird auf die **2+** vorgezogen. Besonders elegant wirkt der Rhythmus, wenn du die erste Achtel im Takt *arpeggierst*. Das heißt, du schlägst die Saiten in schneller Folge von unten nach oben an. Dieses *Arpeggio* wiederholt sich in den folgenden Takten immer auf der **2**. Der Trick besteht nun darin, mit dem Anschlag etwas früher zu beginnen, so dass die oberste Saite genau auf der **2** erklingt. Hör dir dazu die Version mit Ukulele und Stimme an, dann wirst du verstehen, was ich meine.

Strummings:

1) Du schlägst den Akkord einmal pro Takt an (*arpeggierte* ganze Note).
2) Viertelnoten, die zweite *arpeggiert* und gehalten (Betonungen auf **2** und **4**)
3) Eine Viertel- und dann Achtelnoten (Synkope auf **2+**)
4) Eine Viertel-, dann Achtelnoten (Strumming 4 ohne Synkope, Achtel *arpeggiert*).
   Diesen Rhythmus spielst du im ganzen Song.

Synkope Haltebogen

1)

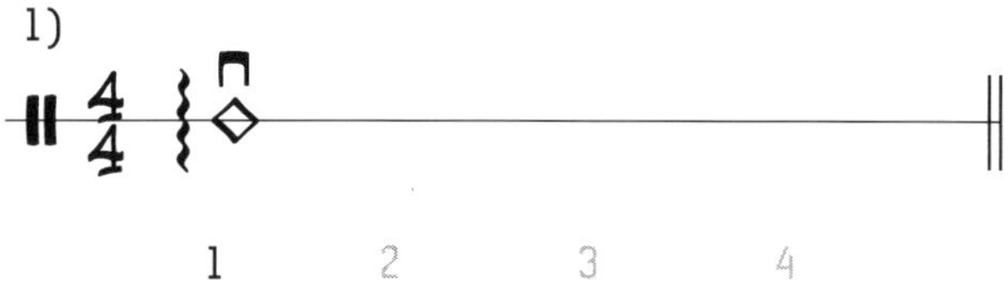

2)

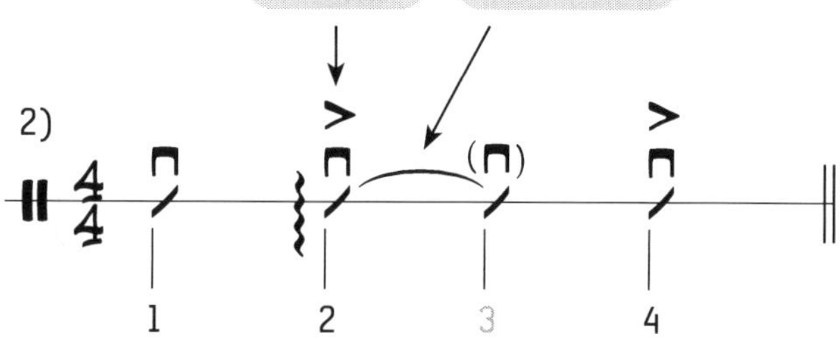

Synkope

3)

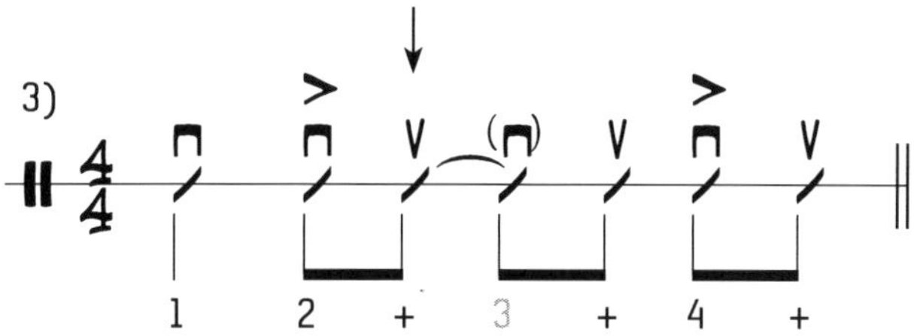

88 Strumming 4, langsam gespielt

4)

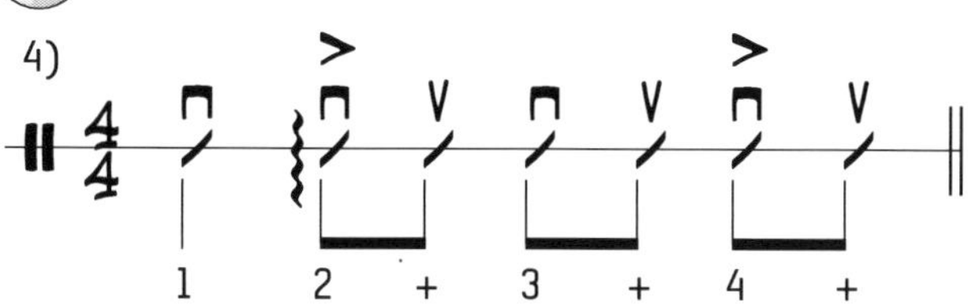

34/35/36

JAMAICA FAREWELL

(Tonart D-Dur)

Traditional

Intro

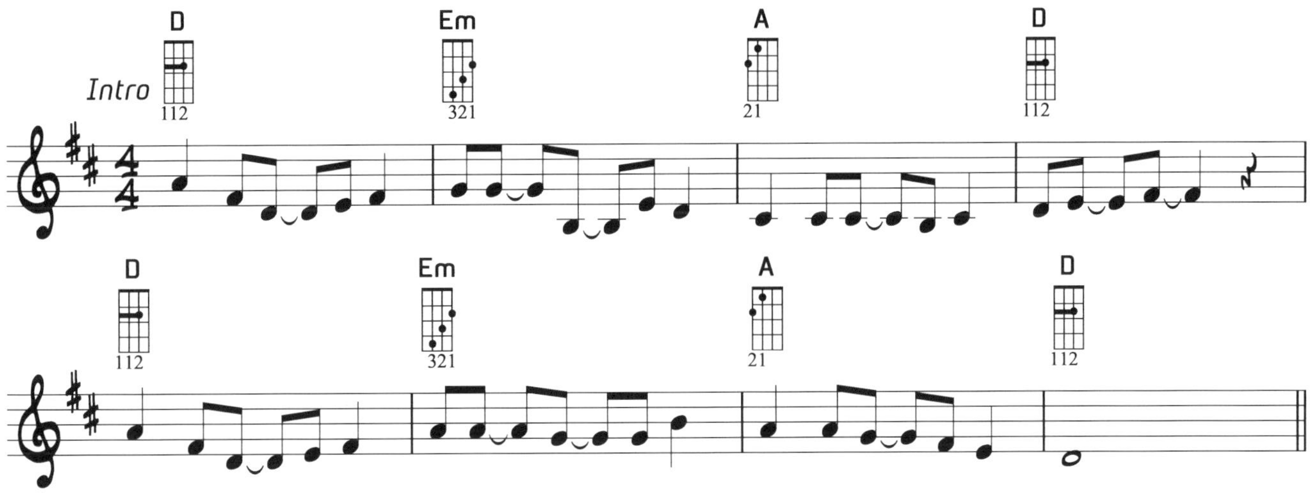

Verse 1:
D G A D
Down the way where the nights are gay and the sun shines daily on the mountain top.
D G A D
I took a trip on a sailing ship and when I reached Jamaica I made a stop.

Refrain:
D Em A D
But I'm sad to say, I'm on my way, won't be back for many a day.
D Em
My heart is down, my head is turning around,
D A D
I had to leave a little girl in Kingston town.

Interlude: *like Intro*

Verse 2:
D G A D
Sounds of laughter ev'rywhere and the dancing girls swaying to and fro.
D G A D
I must declare that my heart is there though I've been from Maine to Mexico.

Refrain:
D Em A D
But I'm sad to say, I'm on my way, won't be back for many a day.
D Em
My heart is down, my head is turning around,
D A D
I had to leave a little girl in Kingston town. *(play 2x)*

SWAY

AKKORDE

1953 komponierte der Mexikaner Pablo Beltrán Ruiz den Mambo-Song „¿Quién será?", der als „Sway" durch die Aufnahmen von *Dean Martin* und *Michael Bublé* bekannt wurde. Da die Akkorde auf der Ukulele gut zu spielen sind und der Song echten Spaß beim Spielen und Singen macht, stelle ich ihn dir hier vor.

Em7/♭5 nach **A**: Der **1.** Finger bleibt liegen.

A nach **Dm**: Der **2.** Finger bleibt liegen.

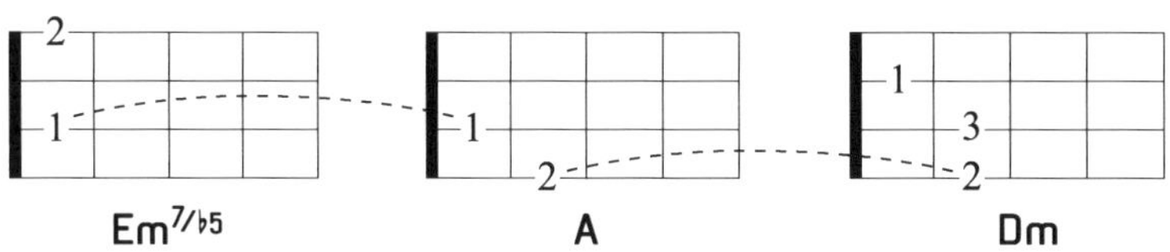

C nach **F**: Der **4.** Finger bleibt liegen.

F nach **A**: Der **2.** Finger bleibt liegen.

B♭ nach **A**: Der **2.** und **3.** Finger gleiten einen Bund tiefer

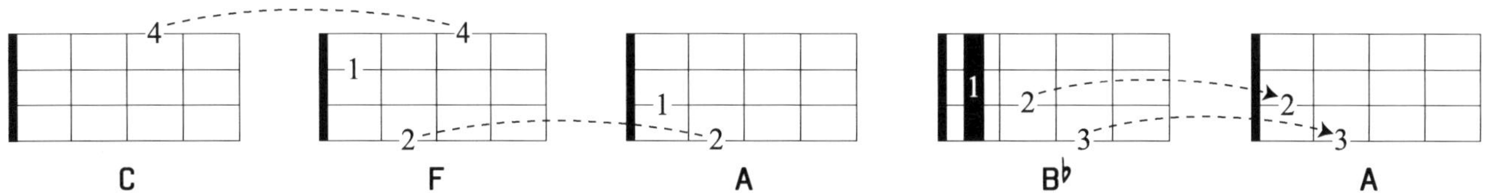

RHYTHMUS

Der 4/4-Takt dieses Songs hat Betonungen auf der **2** und **4**. Die Achtel werden gerade gespielt. Der Tanz zu diesem Song stammt aus Kuba und heißt *Cha-Cha-Cha*.

Mögliche Schlagmuster:

1) Eine Viertel- und dann Achtelnoten (Synkope auf **2+**)
2) Achtelnoten mit Ab- und Aufschlägen (*Dead Notes* auf **2** und **4**)
   Die Handkante dämpft während des Schlages gleichzeitig die Saiten ab. Du lässt die Hand locker auf die Saiten fallen und schlägst dabei an. Das Ergebnis sollte ein rhythmischer Anschlag ohne Klang sein. Die *Dead Notes* zu erzeugen ist nicht einfach und erfordert viel Übung. Im Notentext werden die *Dead Notes* mit einem „x" als Notenkopf dargestellt.

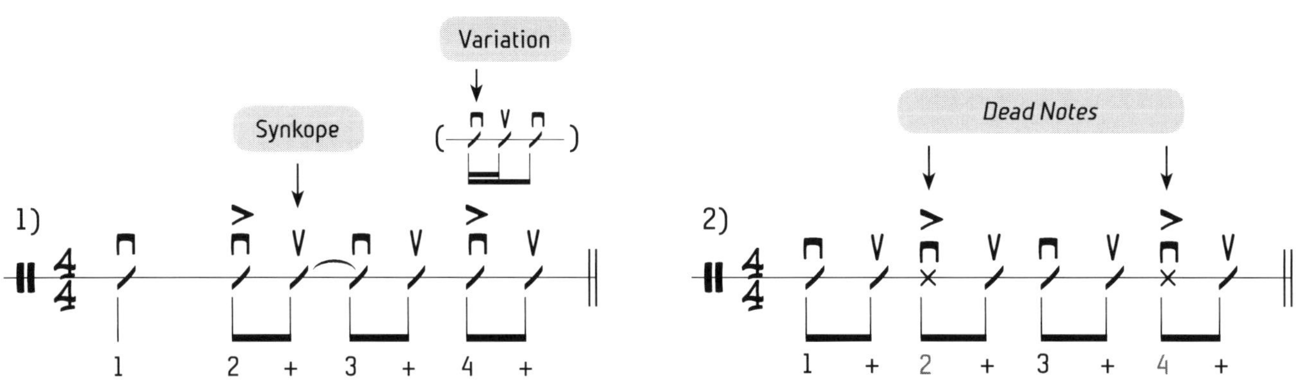

Bei meinen Aufnahmen habe ich einige Variationen eingebaut, um mehr Abwechslung in den *Groove* zu bringen und die Rhythmik des Textes zu unterstreichen. Versuche es ruhig auch! Tipp: Ein toller Effekt entsteht, wenn du den ersten Akkord jeder Strophe nur auf Zählzeit 1 kurz anschlägst, für den Rest des Taktes Pause machst und das Strumming erst ab Takt 2 fortsetzt.

37/38/39

SWAY

(Tonart d-Moll)

Engl. Text: Norman Gimbel
Span. Text & Musik: Pablo Beltrán Ruiz/
Luis Demetrio Traconis Molina

Intro

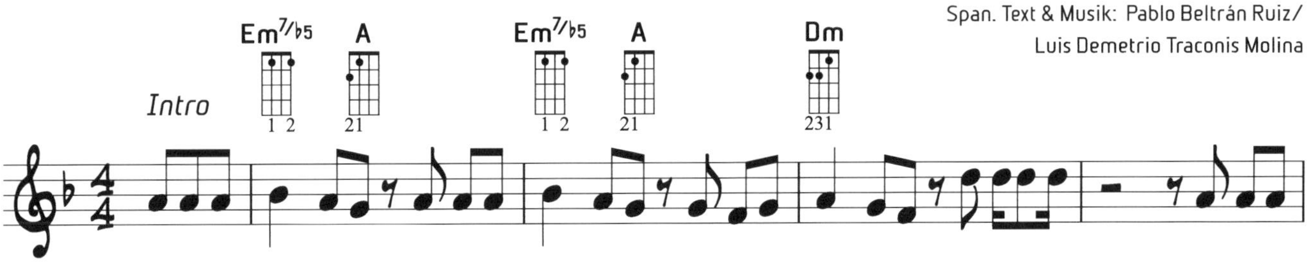

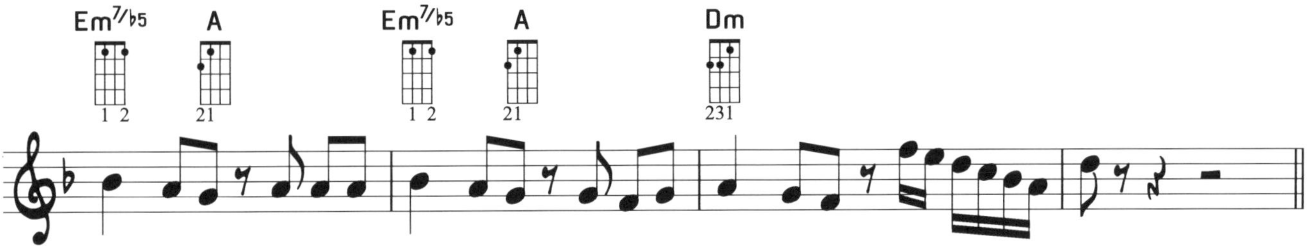

Verse 1:
Dm Em7/♭5 A Em7/♭5 A Dm
When marimba rhythms start to play, dance with me, make me sway,
Dm Em7/♭5 A Em7/♭5 A Dm
like a lazy ocean hugs the shore, hold me close, sway me more.

Verse 2:
Dm Em7/♭5 A Em7/♭5 A Dm
Like a flower bending in the breeze, bend with me, sway with ease.
Dm Em7/♭5 A Em7/♭5 A Dm
When we dance you have a way with me, stay with me, sway with me.

Bridge:
Dm C F
Other dancers may be on the floor, dear, but my eyes will see only you,
F A B♭
Only you have that magic technique, when we sway I go weak.

Verse 3:
A Em7/♭5 A Em7/♭5 A Dm
I can hear the sounds of violins long before it begins.
Dm Em7/♭5 A Em7/♭5 A Dm
Make me thrill as only you know how sway me smooth, sway me now.

Interlude: *like Intro*

Bridge:
Dm C F
Other dancers may be on the floor, dear, but my eyes will see only you, ...

Verse 3:
A Em7/♭5 A Em7/♭5 A Dm
I can hear the sounds of violins long before it begins ...

Verse 2:
Dm Em7/♭5 A Em7/♭5 A Dm
Like a flower bending in the breeze, bend with me, sway with ease ...

I FOLLOW RIVERS

AKKORDE

Die belgische Band *Triggerfinger* brauchte für eine Live-Sendung spontan einen Cover-Song und entschied sich für „I follow Rivers“ von der schwedischen Sängerin *Lykke Li*. Völlig unerwartet landeten sie damit einen Hit und waren die Starband bei *Wladimir Klitschkos* Titelkampf. Ich habe den Song für die Ukulele nach D-Dur transponiert. Er ist dadurch gut zu spielen. Die Akkorde zeige ich dir hier:

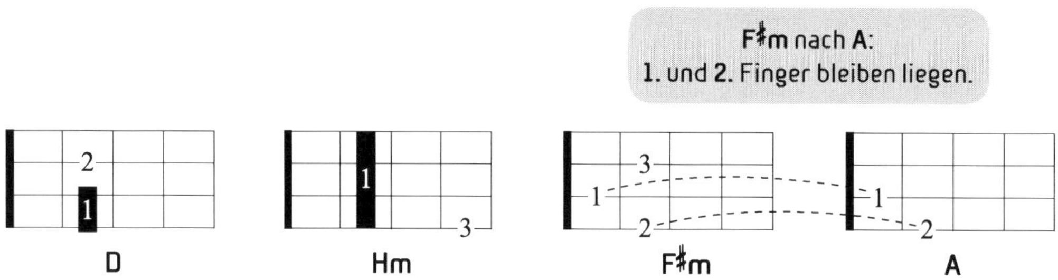

RHYTHMUS

Der 4/4-Takt wird im *8tel-Feeling* mit *geraden Achteln* gespielt. Dabei spielst du auf **2** und **4** wieder betonte *Dead Notes*.

Strummings:

1) Du schlägst einmal pro Takt an (ganze Note).
2) Viertelnoten mit Abschlägen
3) Achtelnoten mit Ab- und Aufschlägen *(Dead Notes)*
4) Achtel- und zwei Sechzehntelnoten mit Ab- und Aufschlägen. Bei den Sechzehnteln kannst du ruhig manchmal die Saiten für den Akkordwechsel loslassen - klingt gut!

Im Song spielst du eine Kombination von Strumming Nr. 1 bei den ruhigen Teilen und Strummings Nr. 3 und Nr. 4 bei den rhythmischen Teilen.

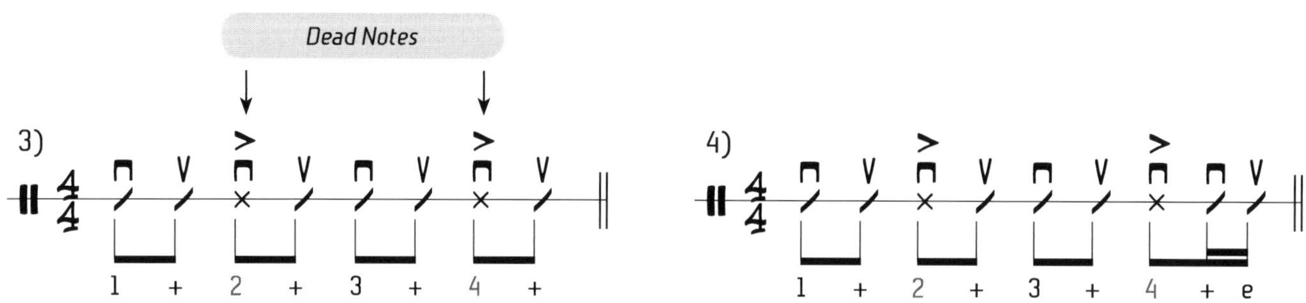

40/41/42

I FOLLOW RIVERS

(Tonart D-Dur)

Musik & Text: Rick Nowels/
Lykke Li Zachrisson/Björn Yttling

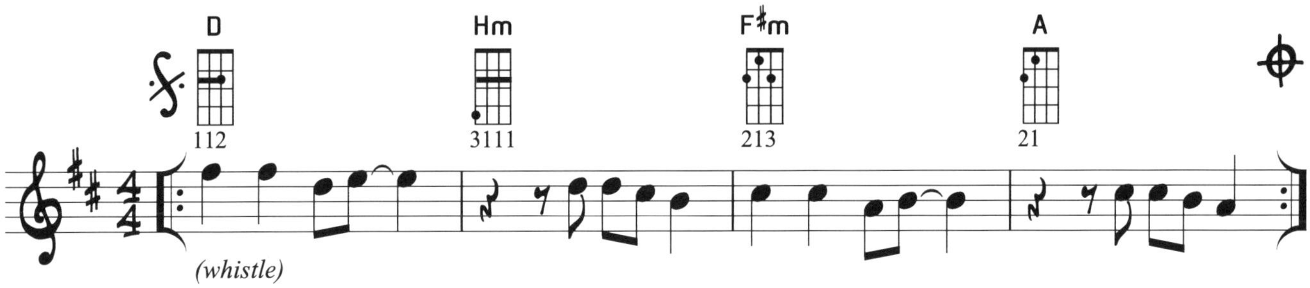

Verse 1:
Hm F♯m Hm F♯m
Oh I beg you: Can I follow? Oh I ask you: Why not always?
Hm F♯m Hm F♯m Hm
Be the ocean, where I unravel, be my only, be the water where I'm wading.
A F♯m
You're my river running high, run deep, run wild.

Refrain:
D Hm F♯m A
I, I follow, I follow you deep sea, baby, I follow you.
D Hm F♯m A
I, I follow, I follow you dark room, honey, I follow you.

Verse 2:
Hm F♯m Hm F♯m
He's a message, I'm the runner. He's a rebel, I'm the daughter waiting for you.
Hm A F♯m
You're my river running high, run deep, run wild.

Refrain:
D Hm F♯m A
I, I follow, I follow you deep sea, baby, I follow you ... *Dal Segno al Coda*

⊕ *Coda:*
Hm A F♯m
You're my river running high, run deep, run wild.

Refrain:
D Hm F♯m A
I, I follow, I follow you deep sea, baby, I follow you ...
D
I follow you, I follow you, I follow you, I follow you ...

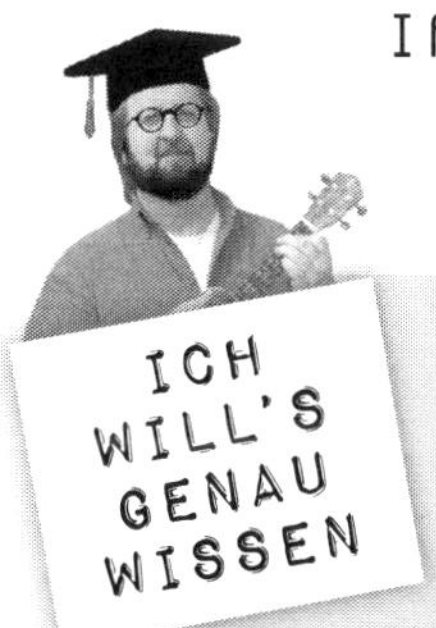

Im Song erscheinen verschiedene Wiederholungs-Hinweise, die ich dir erklären möchte. *D.S. al Coda* - ausgeschrieben: *Dal Segno al Coda*, heißt: zurück zu *Segno* = Zeichen = 𝄋 und dann vom ersten *Codazeichen* = ⊕ zur *Coda* ⊕ = dem angehängten Teil springen. Durch den Rücksprung und anschließenden Sprung zur Coda erspart man sich das nochmalige Aufschreiben von Musikteilen. Dem Musiker erleichtert es das Spielen, da er schon Bekanntes einfach wiederholt.

A NIGHT LIKE THIS

AKKORDE

Dieser Gute-Laune-Song aus dem Debütalbum der niederländischen Sängerin *Caro Emerald* war zuvor bereits in einer Werbung von Martini zu hören und wurde mit Dreifach-Platin für mehr als 150.000 verkaufte Exemplare ausgezeichnet. Die Griffmöglichkeiten und Akkorde stelle ich dir hier vor:

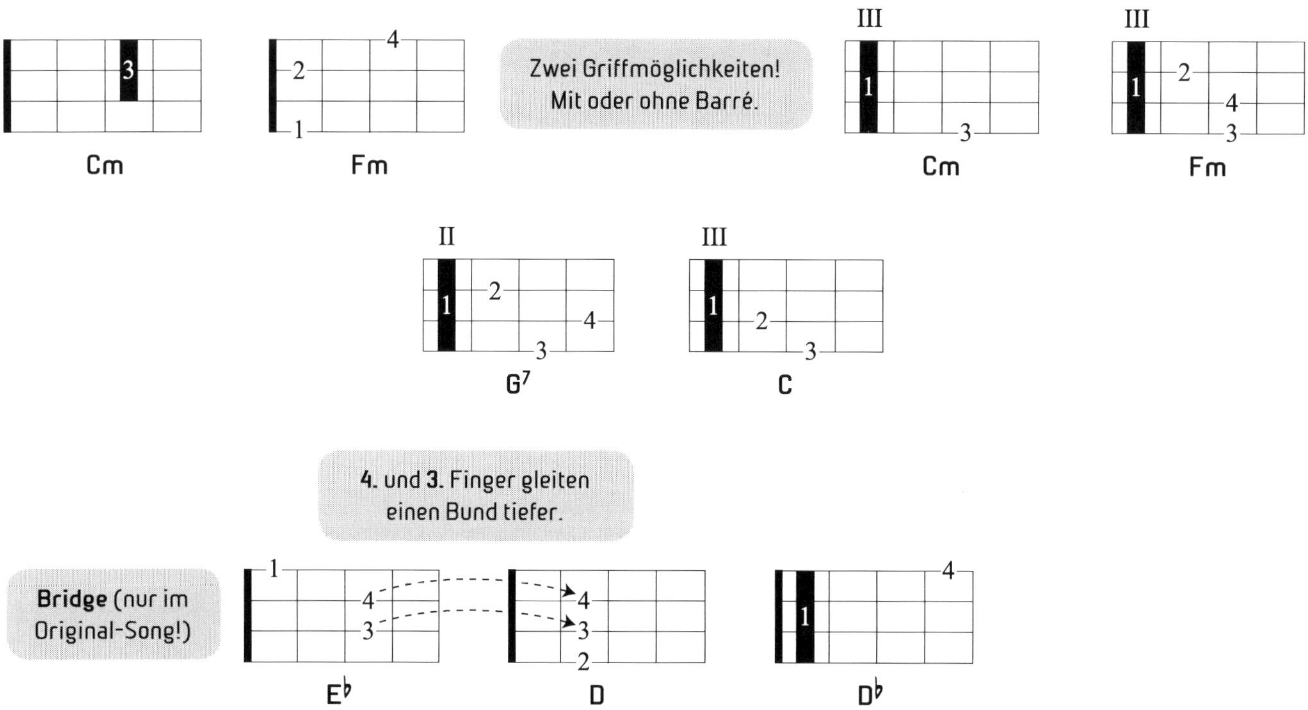

RHYTHMUS

Der 4/4-Takt wird im *Cha-Cha-Feeling* mit Schlägen und Betonungen auf den *Offbeats* gespielt.

Strummings:

1) Du schlägst einmal pro Takt an (Ganze).
2) Eine Viertel am Anfang, darauf zwei Achtel, die erste *arpeggiert*. Betonte Achtel auf den *Offbeats*, mit Aufschlägen. Die Pausen erzeugst du mit der rechten Hand. Strumming 2 kannst du während des ganzen Songs spielen.

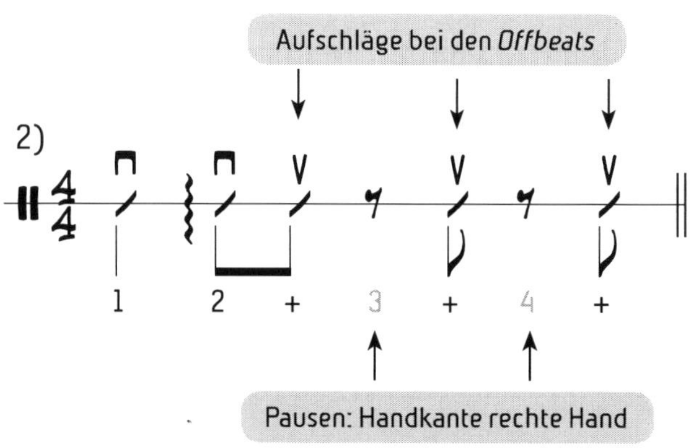

43/44/45

A NIGHT LIKE THIS

(Tonart c-Moll)

Musik & Text: Vincent Degiorgio/
David Schreurs/Jan van Wieringen

Intro: Cm | ⁒ | ⁒ | ⁒

Verse 1:

Cm G^7
From where you are, you see the smoke start to arise, where they play cards.

And you walk over, softly moving passed the guards.

Cm
The stakes are getting higher, you can feel it in your heart.

G^7
He calls you bluff, he is the ace you never thought he played that much.

And now it's more than all this cards you want to touch.

Cm
You never know if winning this could really be enough.

Fm G^7 Cm
Take a look, beyond the moon you see the stars,

Fm G^7 C
and when you look around, you know the room by heart.

Refrain:

Dm G^7 C
I have never dreamed it, have you ever dreamed a night like this?

Dm G^7 C
I cannot believe it, I may never see a night like this.

Dm G^7
When everything you think is incomplete,

C
starts happening when you are cheek to cheek.

Fm G^7 Cm
Could you ever dream it? I have never dreamed, dreamed a night like this.

Outro: Cm | ⁒ | G^7 | ⁒ | ⁒ | ⁒ | Cm | Cm ||

OLD FOLKS AT HOME

AKKORDE

Diesen bekannten Folksong, den neben vielen anderen Künstlern auch *Johnny Cash* gesungen hat, kannst du eigentlich mit drei Akkorden begleiten. In meiner Version habe ich zwischen die Grundakkorde ein paar weitere gesetzt, die dem Song einige interessante „Farben“ verleihen. Die wichtigsten Verbindungen aus beiden Songs siehst du hier erläutert.

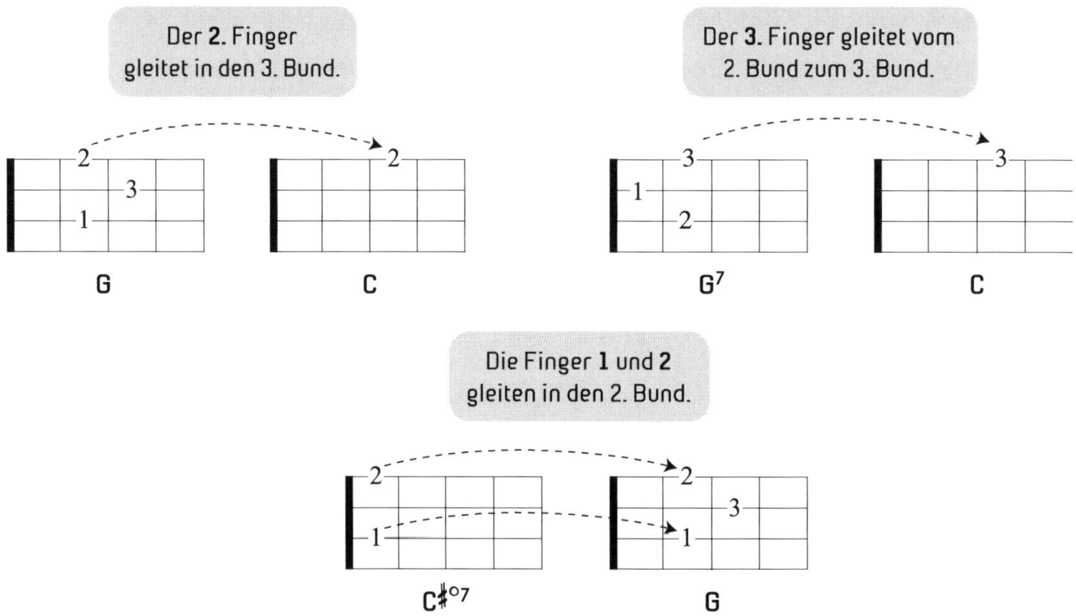

RHYTHMUS

Der 4/4-Takt dieses traditionellen Songs hat Betonungen auf der **2** und **4**, wie auch alle anderen Folksongs aus Amerika. Die Achtel werden *swingend/triolisch**) gespielt.

Mögliche Schlagmuster:

1) Du schlägst den Akkord zweimal pro Takt an (Halbe).
2) Nur Viertel mit Betonungen auf **2** und **4**
3) Abwechselnd Viertel und swingende Achtel
4) Eine Viertel und swingende Achtel

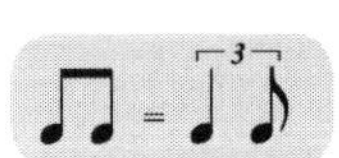

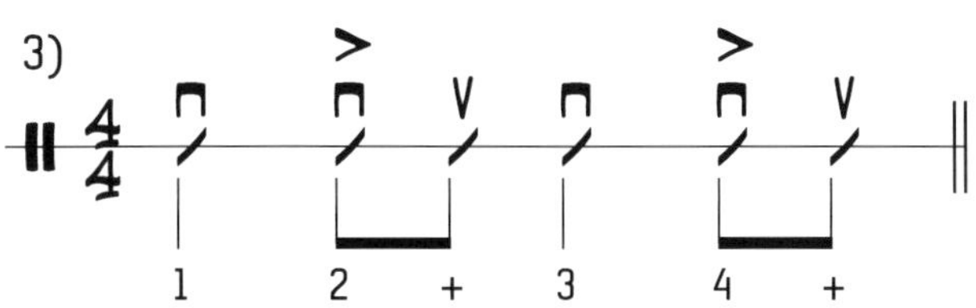

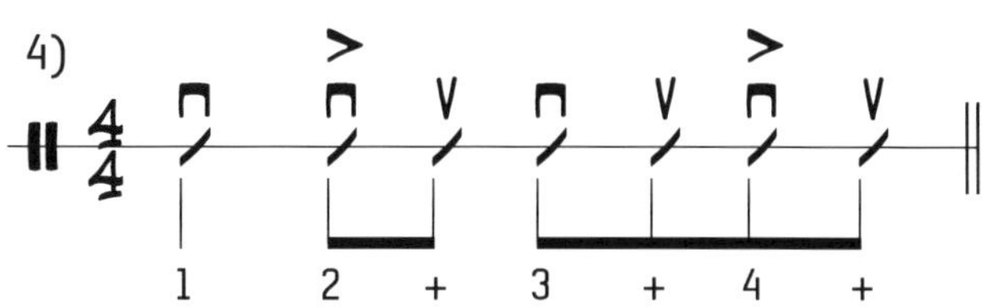

*) Eine Erklärung der Spielweisen *swingend/triolisch* findest du auf Seite 99.

OLD FOLKS AT HOME

(Tonart G-Dur)

Traditional

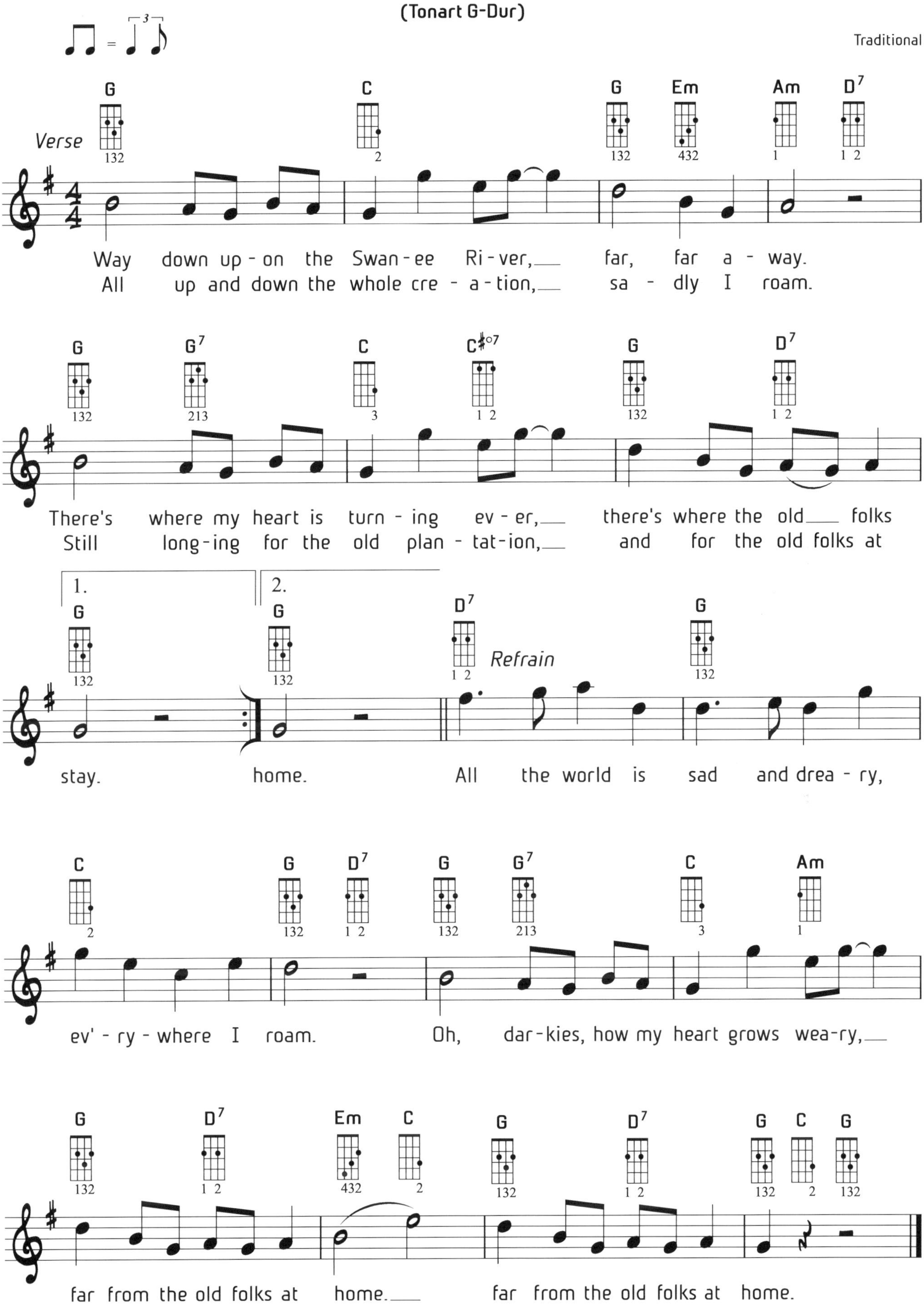

NO WOMAN, NO CRY

AKKORDE

Die Reggae-Ballade „No Woman, No Cry“ ist *Bob Marley’s* größter Hit und wurde vom Musikmagazin *Rolling Stone* in die Liste der „500 besten Songs aller Zeiten“ aufgenommen. Der Song in der Tonart C-Dur enthält nur dir bereits bekannte Akkorde.

RHYTHMUS

Der 4/4-Takt wird im *Reggae-Feeling,* mit Aufschlägen und Betonungen auf den *Offbeats* gespielt. Der Groove ist sehr entspannt und kann zweifelsfrei sehr *laid-back* genannt werden.

Empfohlene Strummings:

1) Du schlägst zweimal pro Takt an (halbe Noten).
2) Betonte Achtelnoten auf den *Offbeats* mit Aufschlägen. Die Pausen erzeugst du mit der rechten Hand.

   Im Song spielst du Strumming Nr. 2. Da bei den *Offbeats* natürlich auch Abschläge möglich sind, kannst du selbst entscheiden, welche Schlagrichtung für dein Strumming besser klingt.

2)

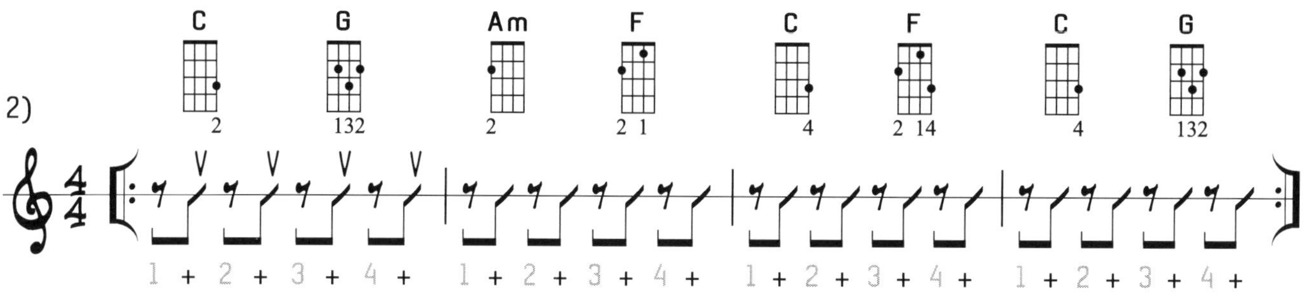

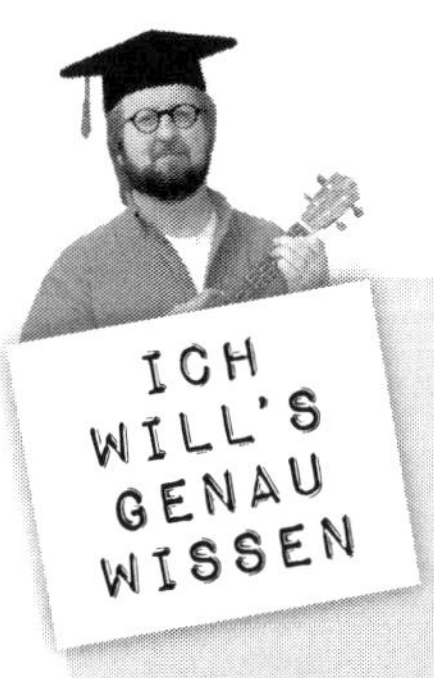

„No Woman, No Cry“ gehört mit der Akkordfolge **I - V - VI - IV** zu einer langen Liste von Songs, die genau die gleiche Akkordfolge enthalten. Ich habe hier eine kleine Liste von *Four-Chord-Songs* für dich. Probier doch mal aus, du wirst vom Ergebnis überrascht sein!

Journey · Don’t Stop Believing, *James Blunt* · You’re Beautiful, *Alphaville* · Forever Young, *Jason Mraz* · I’m Yours, *Mika* · Happy Ending, *The Last Goodnight* · Pictures Of You, *Maroon 5* · She Will Be Loved, *Red Hot Chili Peppers* · Under the Bridge, *U2* · With Or Without You, *The Beatle* · Let it Be, *Men At Work* · Land Down Under, *Lady Gaga* · Poker Face, *The Calling* · Wherever You Will Go, *A Ha* · Take On Me, *Green Day* · When I Come Around, *Toto* · Africa, *Beyonce* · If I Were A Boy, *Natalie Imbruglia* · Torn, *Elton John* · Can You Feel The Love Tonight, *Kasey Chambers* · Not Pretty Enough, *The Fray* · You Found Me, *Eagle Eye Cherry* · Save Tonight, *Crowded House* · Fall At Your Feet, *Daryl Braithwaite* · The Horses, *Marcy Playground* · Sex and Candy, *The Offspring* · Self Esteem, *Alex Lloyd* · Amazing, *The Offspring* · You’re Gonna Go Far Kid, *Pink* · You and Your Hand, *Tim Minchin* Canvas · Bags, *Banjo Patterson’s* · Waltzing Matilda, *Aqua* · Barbie Girl, *MGMT* · Kids, *Five For Fighting* · Superman, *Missy Higgins* · Scar, *30h!3* · Don’t Trust Me, *Axis Of Awesome* · Birdplane.

46 (Tutorial)

NO WOMAN, NO CRY

(Tonart C-Dur)

Musik & Text: Vincent Ford

Intro: C G | Am F | C F | C G | *(4x)*

C G Am F C F C G C G Am F C F C G
Refrain: No woman, no cry, no woman, no cry. No woman, no cry, no woman, no cry.

C G Am F C G Am F
Verse 1: Say I remember when we used to sit in the government yard in Trenchtown.

C G Am F C G Am F
Oba -oba-serving the hypocrites as they'd mingle with the good people we meet.

C G Am F C G Am F
Good friends we had or good friends we lost a-long the way

C G Am F C G Am F
in this bright future you can forget your past, so dry your tears I say:

C G Am F C F C G C G Am F
Refrain: No woman, no cry, no woman, no cry. Hey little darling don't shed no tears,

C F C G
no woman, no cry.

C G Am F C G Am F
Verse 2: Say I remember when we used to sit in the government yard in Trenchtown.

C G Am F C G Am F
And then Georgie would make a fire light as it was love wood burning through the night.

C G Am F C G Am F
And we would cook wholemeal porridge of which I'd share with you.

C G Am F C G Am F
My feet is my only carriage so I've got to push on through. But while I'm gone.

C G Am F
Bridge: Ev'rything's gonna be allright, ev'rything's gonna be allright. *(4x)*

C G Am F C F C G C G Am F
Refrain: No woman, no cry, no woman, no cry. Oh my little sister don't shed no tears,

C F C G
no woman, no cry.

Guit. Solo: C G | Am F | C F | C G | *(4x)*

C G Am F C G Am F
Verse 2: Say I remember when we used to sit in the government yard in Trenchtown ...

C G Am F C F C G C G Am F
Refrain: No woman, no cry, no woman, no cry. Hey little darling don't shed no tears,

C F C G
no woman, no cry. *(repeat & fade out)*

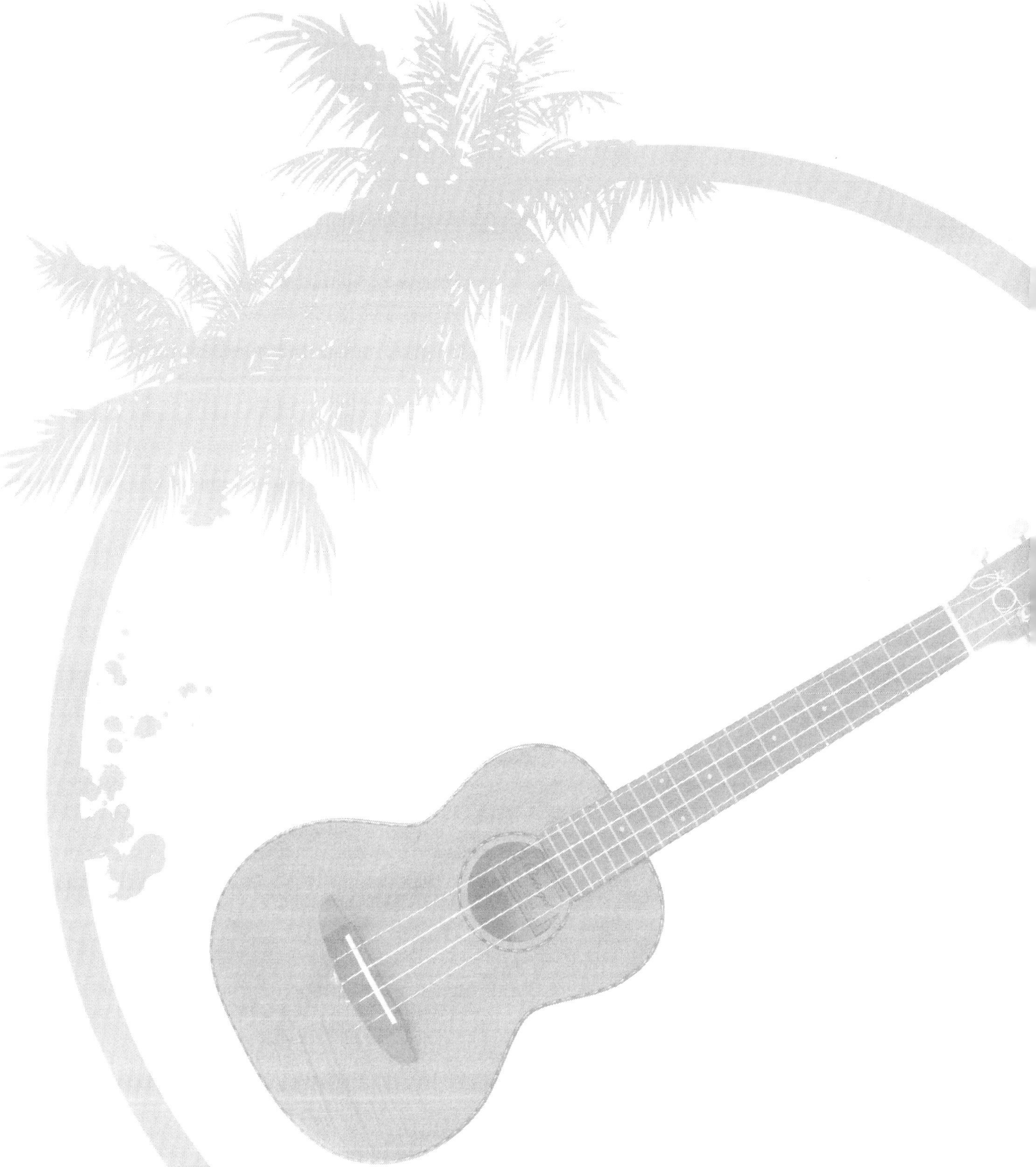

PROBIER'S MAL MIT GEMÜTLICHKEIT

AKKORDE

Walt Disney landete mit dem Film „Das Dschungelbuch“ einen echten Hit. Wenn „Balu, der Bär“ dann sein Lied „Probier's mal mit Gemütlichkeit“ (orig.: The Bare Necessities) singt, schmelzen die Zuschauer dahin. Das Original erklingt in Cis-Dur. Ich habe es wegen der Spielbarkeit nach C-Dur transponiert und stelle dir hier die Akkordverbindungen vor.

D^{7} mit **2.** und **3.** Finger

Der **3.** Finger gleitet vom 2. Bund zum 3. Bund.

Am nach **Dm:** Der **2.** Finger bleibt liegen.

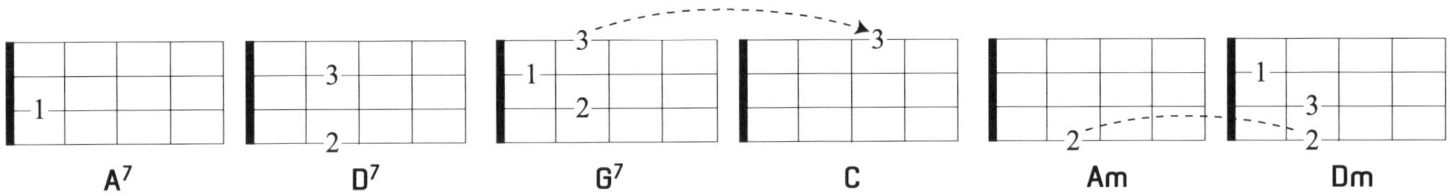

F nach **G**^{7}: Der **1.** Finger bleibt liegen.

F nach **Fm** nach **C:** Der **4.** Finger bleibt liegen.

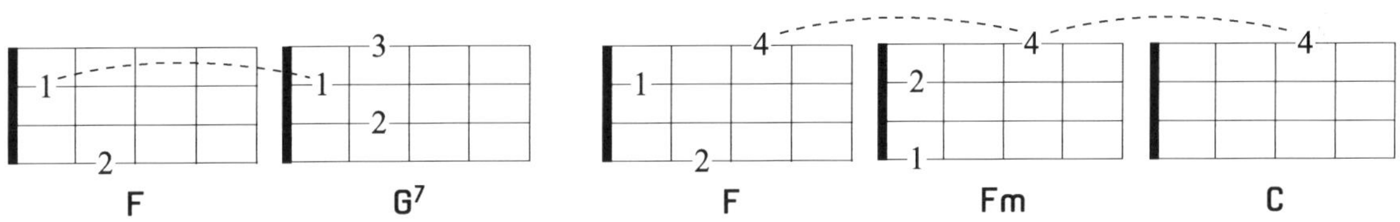

RHYTHMUS

Der schnelle 4/4-Takt wird im *8tel-Feeling* mit Betonungen auf **2** und **4** gespielt. Die rechte Hand macht wieder 8 Bewegungen pro Takt.

Strummings:

1) Viertel mit Betonungen auf **2** und **4** (sog. *Nachschlag*). Die Pausen müssen nicht gedämpft werden!
2) Eine Viertel, dann vier Achtel mit Betonungen auf **2** und **4**.

   Im Lied spielst du diesen Rhythmus.

kein Abdämpfen

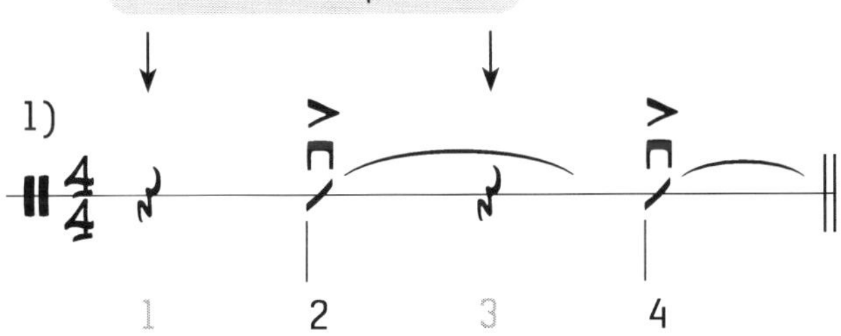

Betonung

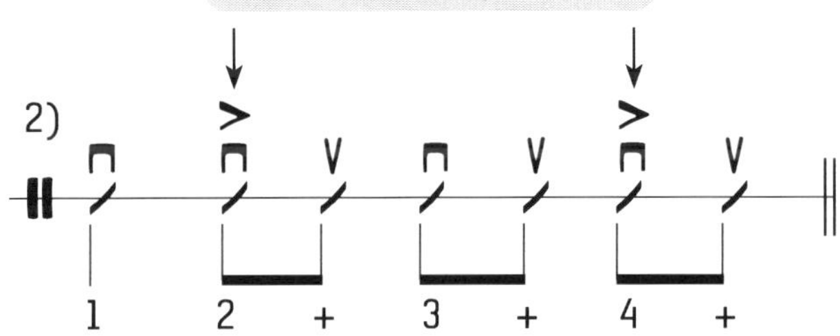

47/48/49

PROBIER'S MAL MIT GEMÜTLICHKEIT

(Tonart C-Dur)

Musik & Text: Terry Gilkyson
Deutscher Text: Heinrich Riethmueller

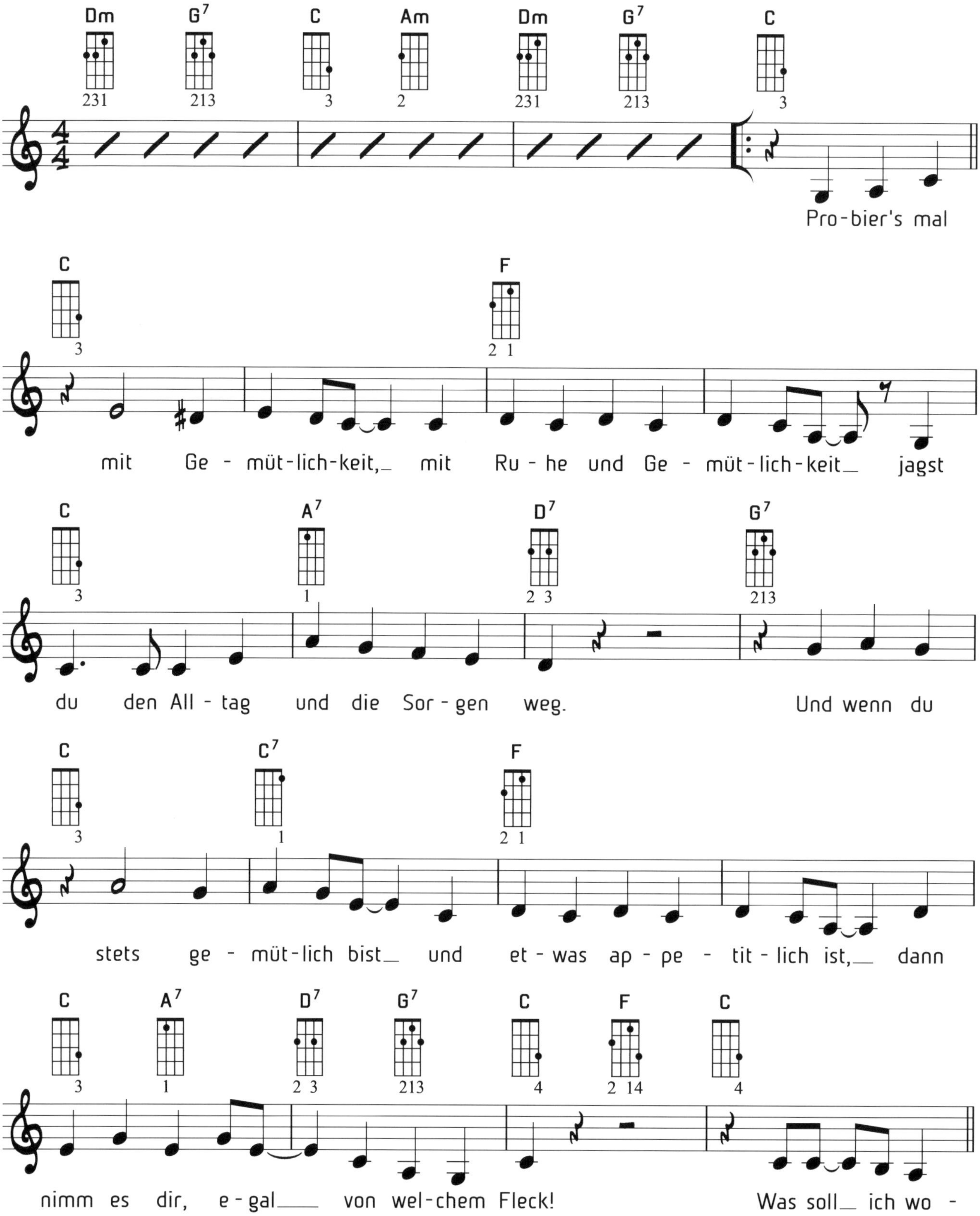

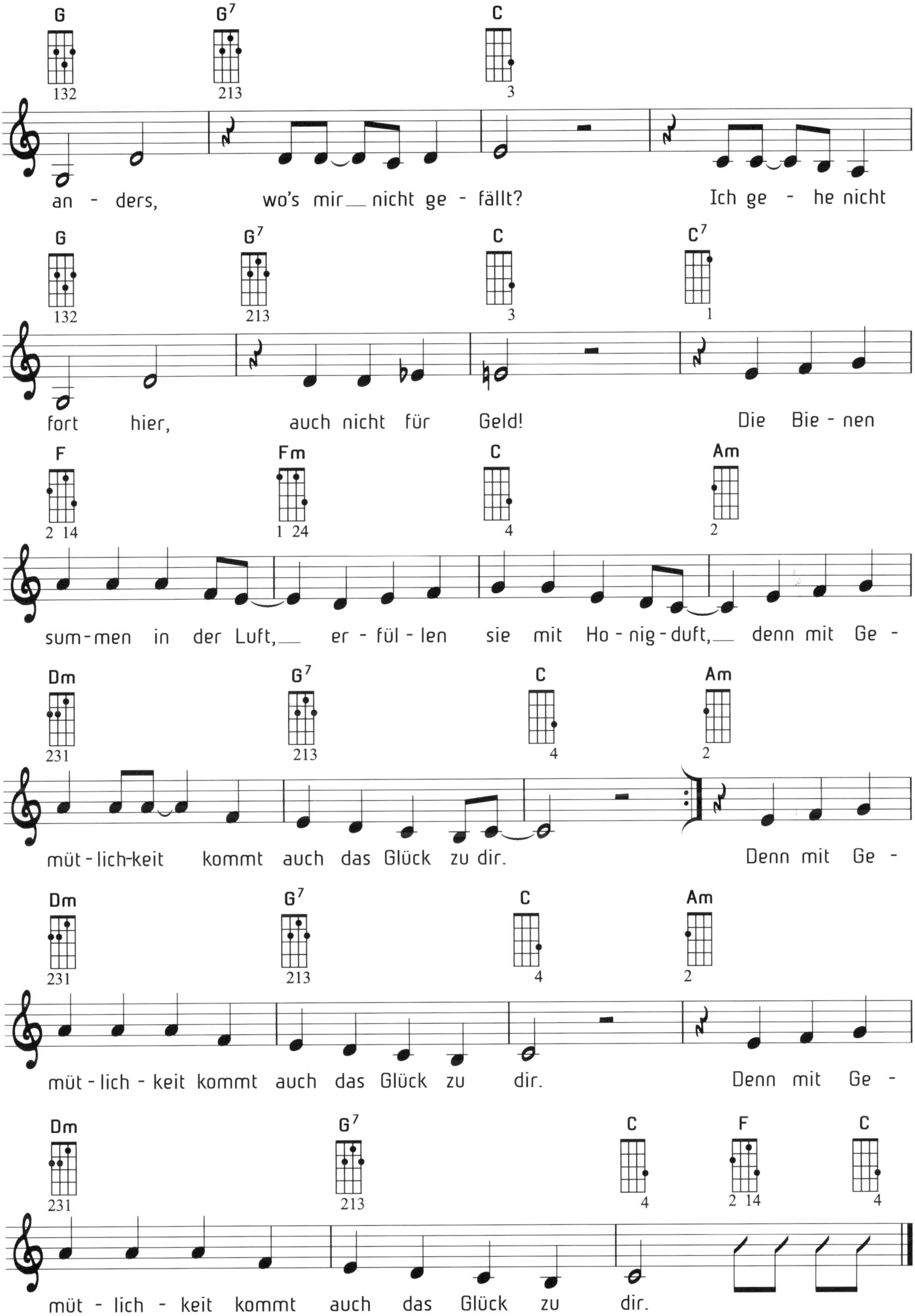
G G7 C
132 213 3
an - ders, wo's mir__ nicht ge - fällt? Ich ge - he nicht
G G7 C C7
132 213 3 1
fort hier, auch nicht für Geld! Die Bie - nen
F Fm C Am
2 14 1 24 4 2
sum-men in der Luft,__ er - fül - len sie mit Ho - nig - duft,__ denn mit Ge -
Dm G7 C Am
231 213 4 2
müt - lich-keit kommt auch das Glück zu dir. Denn mit Ge -
Dm G7 C Am
231 213 4 2
müt - lich - keit kommt auch das Glück zu dir. Denn mit Ge -
Dm G7 C F C
231 213 4 2 14 4
müt - lich - keit kommt auch das Glück zu dir.

FOLLOW ME

AKKORDE

Uncle Kracker, der eigentlich ein Rapper war, veröffentlichte im Jahr 2000 die Single „Follow Me“. Der lässige Song wurde ein Hit und bisher zweifach mit Platin ausgezeichnet. Die Akkorde stelle ich dir hier vor. Den Akkord **C** brauchst du hier auch in der Barré-Version für schnelle Wechsel. Bei den anderen Akkordwechseln kannst du den „normalen“ C-Akkord spielen.

Den Akkord **C** erzeugst du hier durch Verschieben von **B♭** in den dritten Bund.

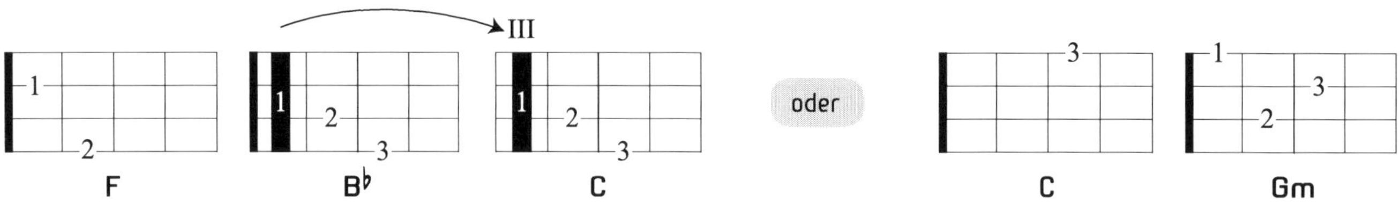

RHYTHMUS

Der 4/4-Takt im *8tel-Feeling* hat Betonungen bei den *Dead Notes* auf **2** und **4**. Dazu kommen die vorgezogenen Schläge auf die **4+** (vorgez. 1), die **1+** (vorgez. 2) und die **2+** (vorgez. 3). Auch zwischendurch kannst du Schläge vorziehen, wenn dies den Text unterstützt. Die *Downstrokes* nach den vorgezogenen Schlägen werden nicht angeschlagen, obwohl die rechte Hand die Schlagbewegung ohne hörbaren Anschlag fortsetzt. Die folgenden *Strummings* solltest du intensiv üben, bevor du den Song spielst. Hör dir dazu den Track Nr. 52 „Ukulele & Gesang“ an. Das Strumming 2 findest du auf Bonustrack 89 in langsamer Geschwindigkeit!

1)

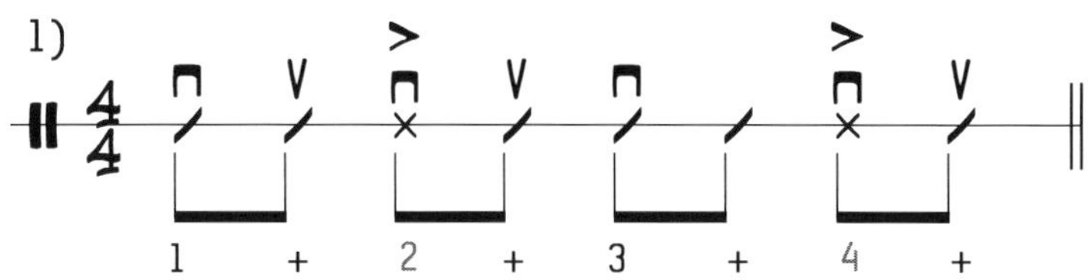

2)

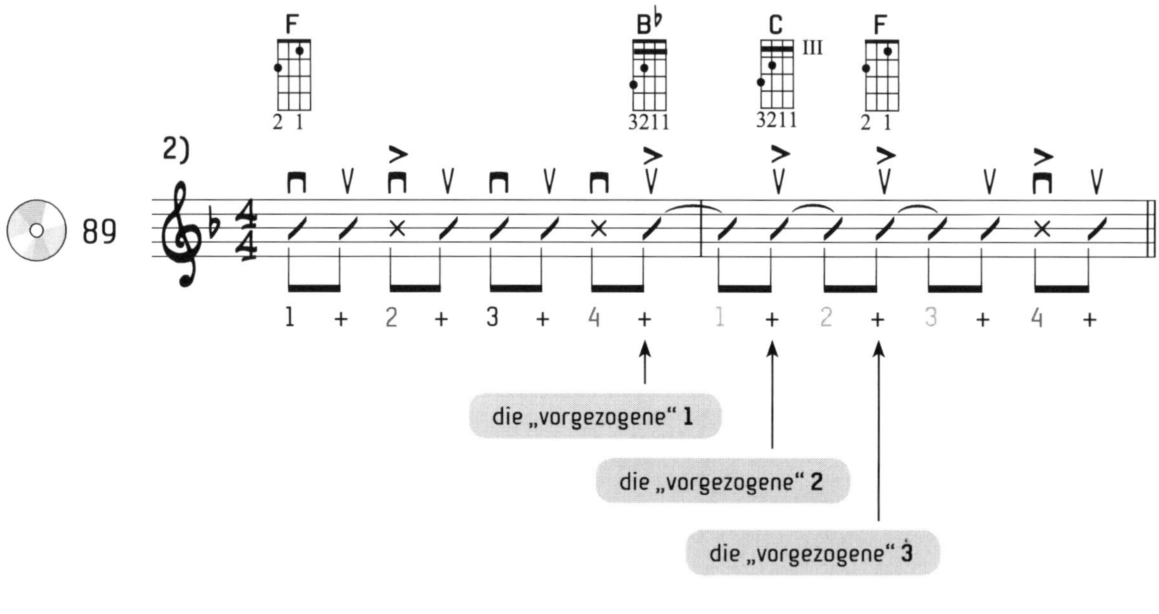

50/51/52

FOLLOW ME

(Tonart F-Dur)

Musik & Text:
Michael Bradford/Matthew Shafer

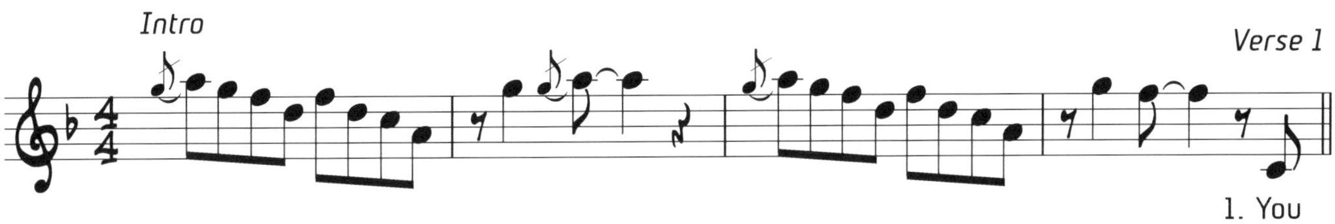

Verse 1:
F B♭ F B♭ C F
You don't know how you met me, you don't know why, you can't turn around and say goodbye.
F B♭
All you know is when I'm with you I make you free and
F B♭ C F
swim through your veines like a fish in the sea. I'm singing:

Refrain:
F B♭ C F B♭ C
Follow me, everything is allright, I'll be the one to tuck you in at night and if you
F B♭ C F B♭ C F
want to leave I can guarantee, you won't find nobody else like me.

Verse 2:
F B♭ F B♭ C F
I'm not worried 'bout the ring you wear cause as long as no one knows then nobody can care.
F B♭ F
You're feeling guilty and I'm well aware but you don't look ashamed
B♭ C F
and, baby, I'm not scared, I'm singing:

Refrain:
F B♭ C
Follow me, everything is allright ...

Guit. Solo: F | B♭ C | F | B♭ C | F | B♭ C | F | B♭ C F |

Bridge:
Gm C F
Won't give you money, I can't give you the sky, you're better off if you don't ask why.
Gm G C
I'm not the reason that you go astray, we'll be allright if you don't ask me to stay.

I'm singing:

Refrain:
F B♭ C F B♭ C
Follow me, everything is allright, I'll be the one to tuck you in at night and if you
F B♭ C F B♭ C F
want to leave I can guarantee, you won't find nobody else like me.

(play 3 times - 2nd time: a capella - play 3rd time & fade out)

YANKEE DOODLE

AKKORDE

Dieses Spottlied aus dem amerikanischen Unabhängigkeitskrieg, in dem die „Yankees" von den Südstaatlern verhöhnt werden, ist sehr einfach aufgebaut. Es wird mit drei Akkorden begleitet, deren Griffbilder du hier siehst: **A - D - E⁷**. Diese Akkorde entsprechen den Stufen **I - IV- V** der Tonart A-Dur.

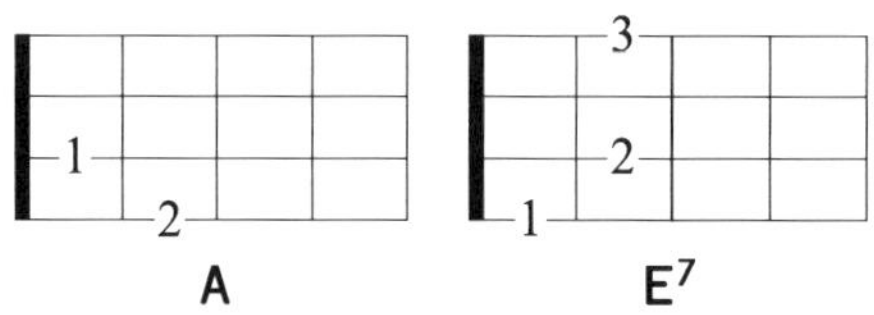

Eine sichere Verbindung gibt es, wenn du für **D** den Fingersatz **2-3-4** verwendest.

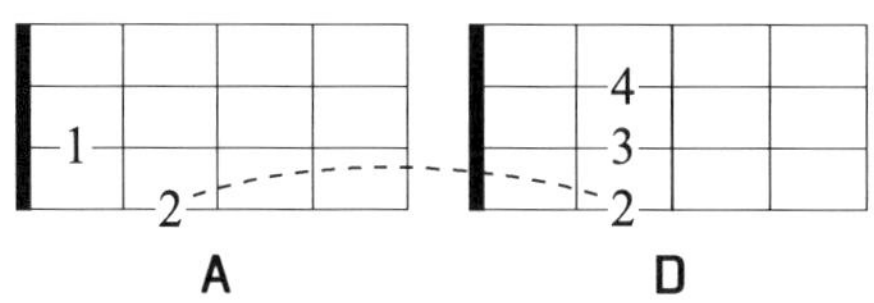

RHYTHMUS

Da du die Akkorde jetzt kennst, kannst du dich auf den neuen Rhythmus konzentrieren. Ich zeige dir drei verschiedene Schlagmuster:

1) nur Viertelnoten
2) gerade Achtelnoten
3) Achtel und Sechzehntel (Betonungen auf die Zwischenzählzeiten „+")

   Dieser Rhythmus läuft durch das ganze Lied und wird nur in den jeweiligen Schlusstakten auf zwei einzelne Viertel-Schläge abgeändert.

2)

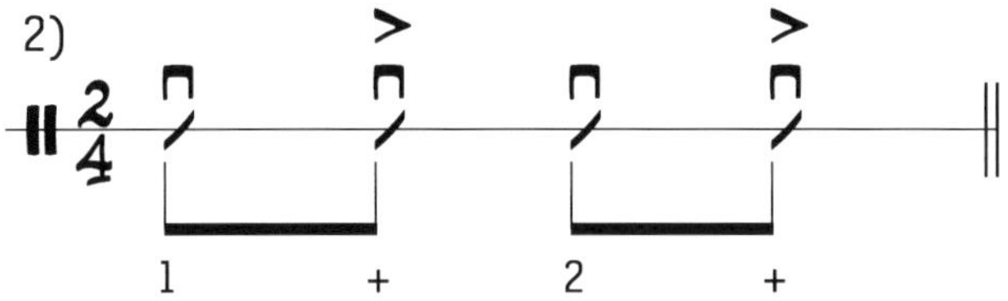

3)

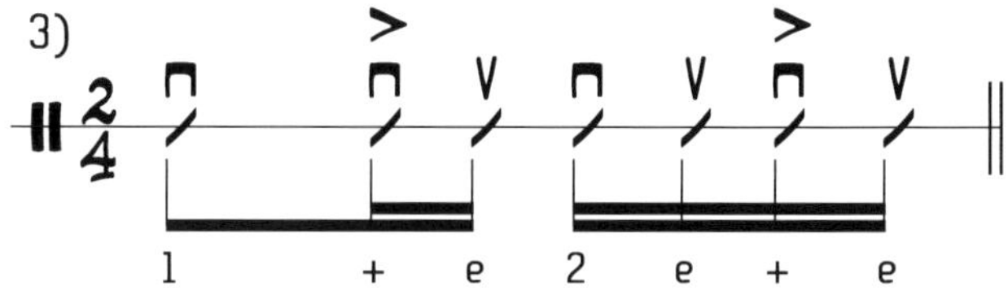

53/54/55

YANKEE DOODLE

(Tonart A-Dur)

Traditional

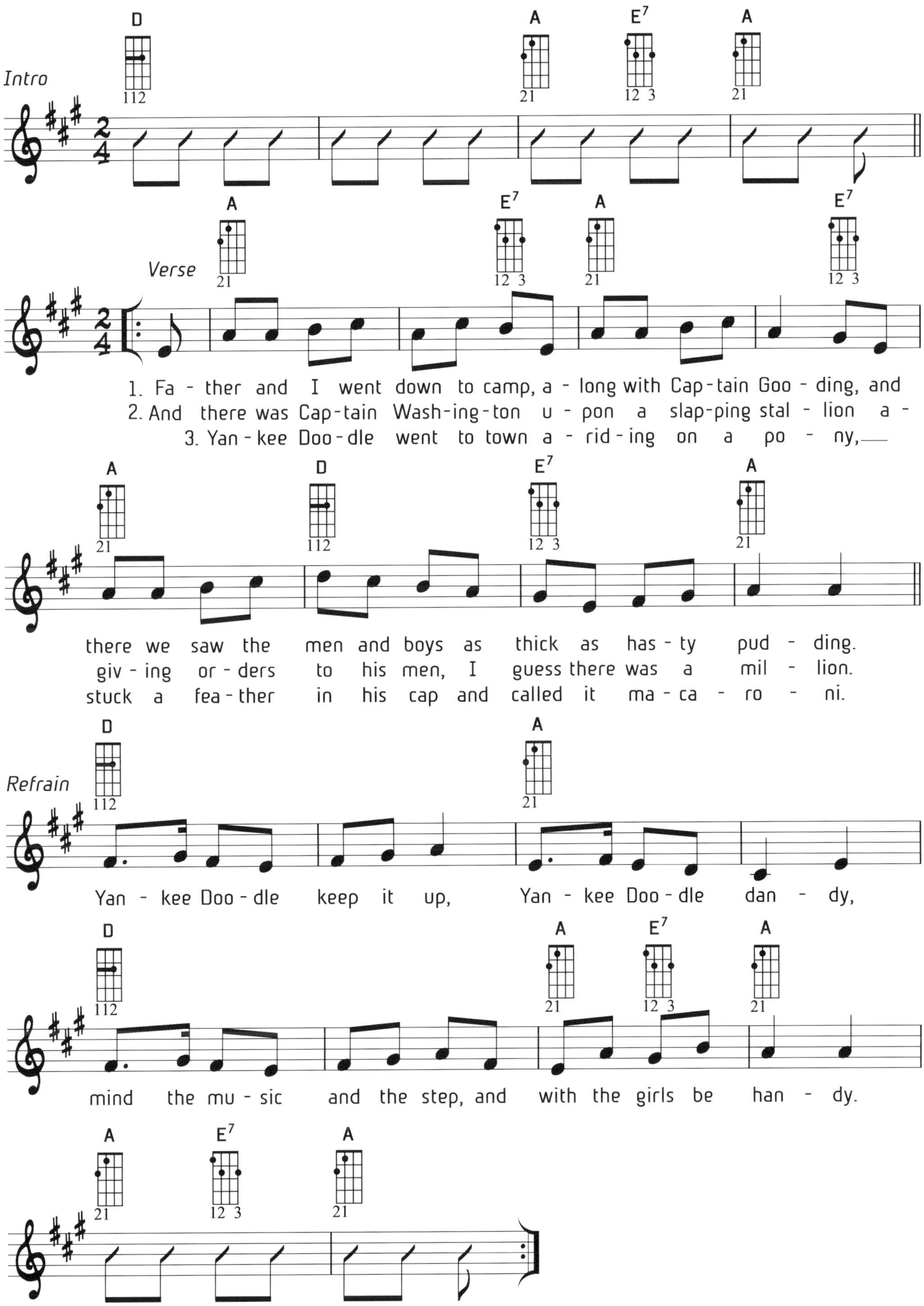

OH! SUSANNAH
(EINFACHE VERSION)

AKKORDE

Bei den meisten Akkordwechseln dieses amerikanischen Folksongs gibt es keine Verbindungen. Die Finger müssen sich in der Luft vorbereiten und dann gleichzeitig den neuen Akkord greifen. Der Akkord **D** kann auf verschiedene Arten gegriffen werden. Nachfolgend findest du vier Vorschläge, entscheide bei jedem Song selbst, welcher dein Favorit ist.

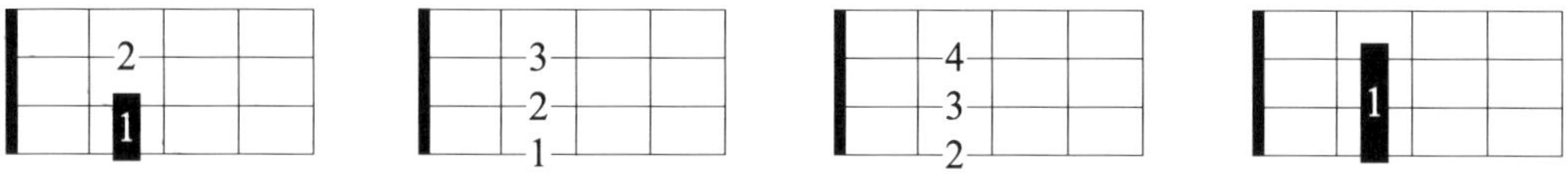

D **D** **D** **D**

RHYTHMUS

Hier die Strummings:

1) Du schlägst den Akkord zweimal pro Takt an (halbe Noten).
2) Nur Viertelnoten
3) Viertel- mit Achtelnoten abwechselnd, Betonungen auf **2** und **4**.
4) Eine Viertel-, dann sechs Achtelnoten.

   Im Song kannst du die Strummings miteinander kombinieren.

Du möchtest noch eine weitere Version dieses Liedes spielen und dazu einige neue Akkorde lernen? Auf Seite 88/89 findest du sie!

3)
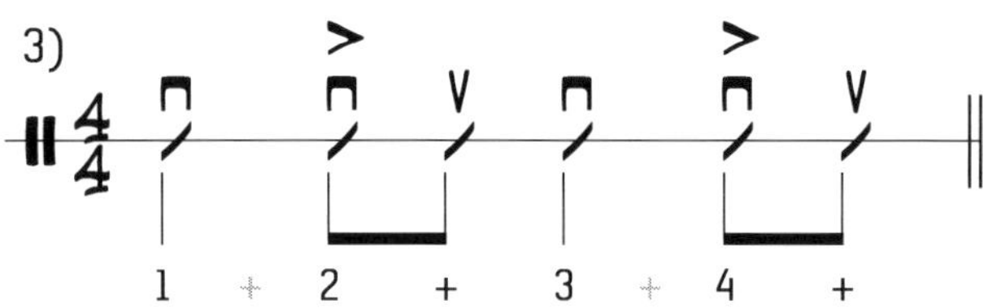

4)
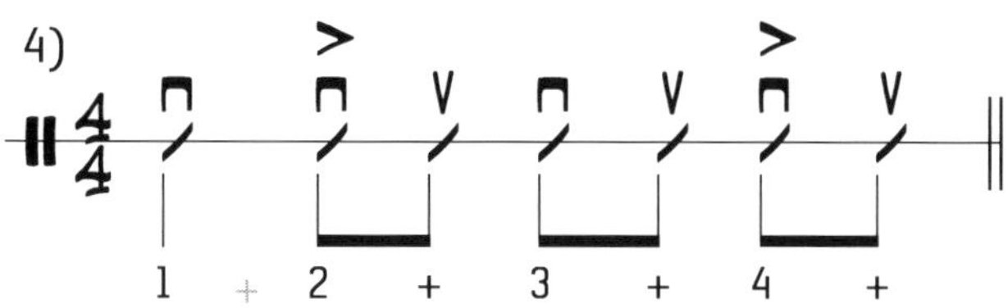

OH! SUSANNAH
(EINFACHE VERSION)

(Tonart A-Dur)

Traditional

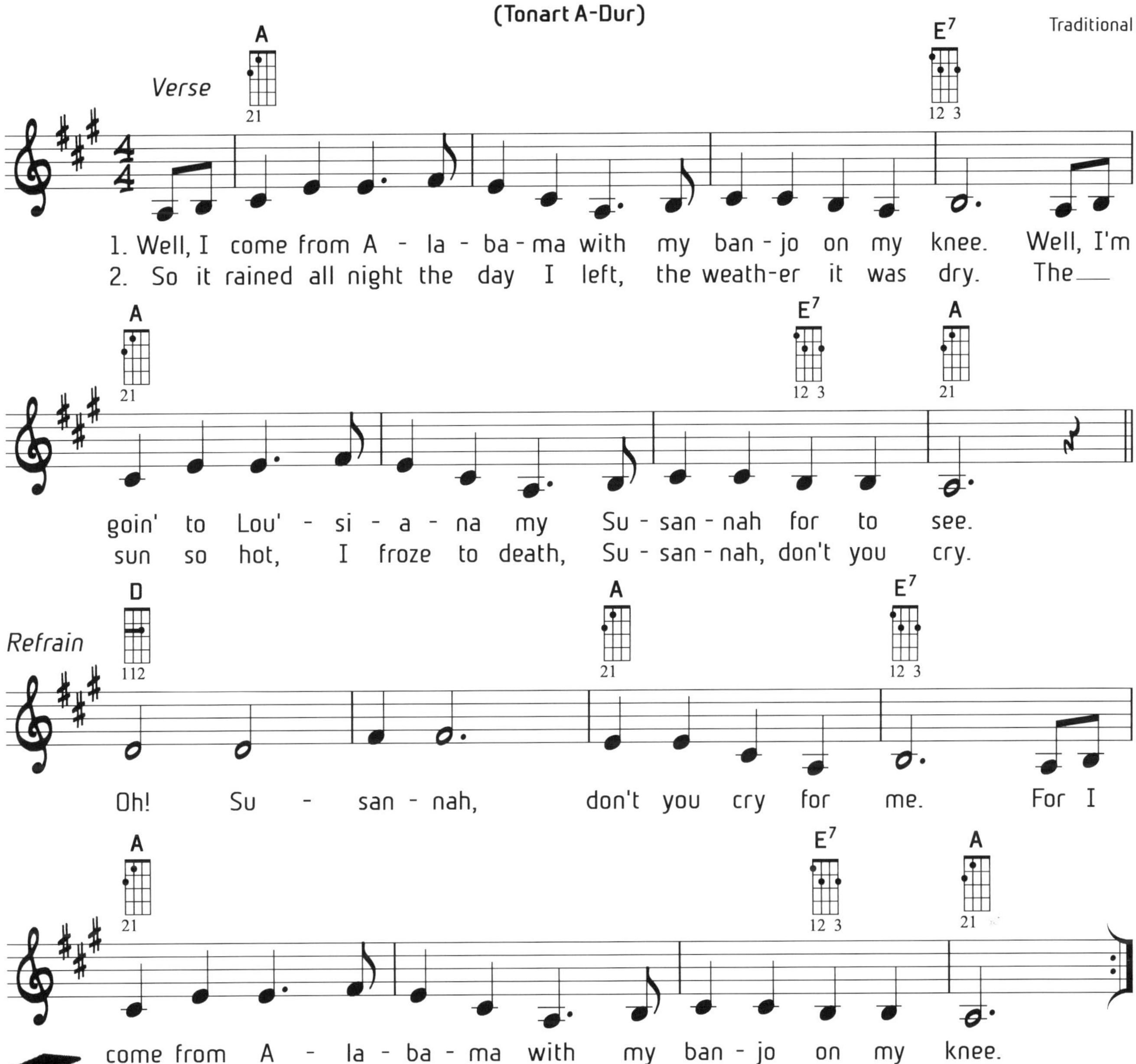

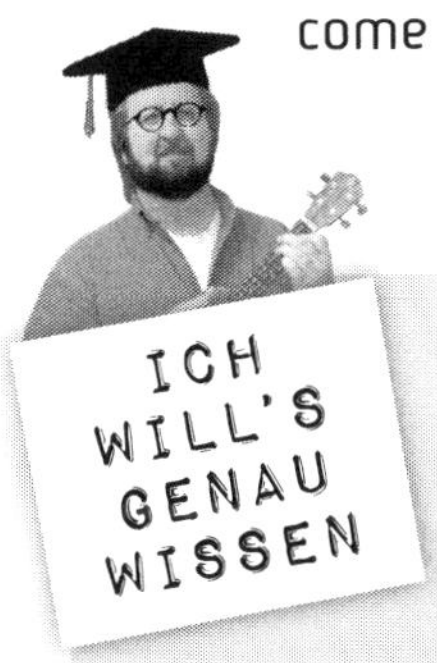

In diesem Song kommen drei verschiedene Akkorde vor. Sie stehen auf den Tonleiterstufen I - IV - V. Dies sind die wichtigsten Stufen/Akkorde in jeder Tonart. Man nennt diese Akkordfolge *Kadenz*. Wenn du den Song in einer anderen Tonart spielen willst, suchst du einfach die Akkorde auf den gleichen Stufen der neuen Tonart. Du musst nur die Töne der Dur-Tonleitern kennen, dann ist es ein einfaches „Abzähl-Spiel".

Beispiel: **C-Dur: I - IV - V = C - F - G^7, D-Dur: I - IV - V = D - G - A^7** usw.

Dir ist vielleicht aufgefallen, dass hier auf der fünften Stufe ein Septakkord steht. Man nennt ihn den *Dominantseptakkord*. Der Name stammt aus alter Zeit, wo der Septakkord nur auf der fünften Stufe (= Dominante) verwendet wurde. In moderner Musik können Septakkorde auf jeder Stufe erscheinen, der Dominantseptakkord steht aber nach wie vor auf der fünften Stufe.

YOU AND ME (IN MY POCKET)

AKKORDE

Auch bei diesem Song bleibt die Akkordfolge fast während des ganzen Songs gleich. Die Verbindungen der Akkorde stelle ich dir jetzt vor. Der Akkord **C^4**, genauer **C^{sus4}**, wird durch ein *hammer-on* des ersten Fingers erzeugt. Bei diesem hammer-on schlägt der erste Finger schwungvoll den Ton im ersten Bund an. Die Energie der angeschlagenen Saite und das Aufsetzen des ersten Fingers erzeugen so einen neuen Ton. Dieser **C^4** ist nur eine schöne Verzierung, ohne die der Song aber genauso gut funktioniert.

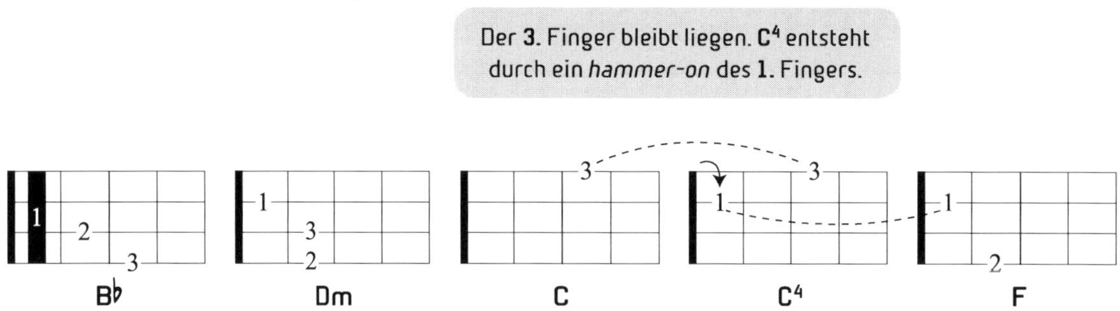

RHYTHMUS

Der 4/4-Takt im *8tel-Feeling* hat Betonungen bei den *Dead Notes* auf **2** und **4**. Dazu kommen die vorgezogenen Schläge auf die **2+** (vorgez. 3) und die **4+** (vorgez. 1). Eine Besonderheit ist der *Groove,* den Milow spielt. Die Achtel sind weder *gerade* noch *geshuffelt*. Wenn dir also das Feeling wichtig ist, kannst du es im Original heraushören. Im folgenden Bild sind die *Downstrokes,* die nicht angeschlagen werden, eingeklammert. Die rechte Hand macht also die Schlagbewegung weiter, ohne die Saiten zu spielen.

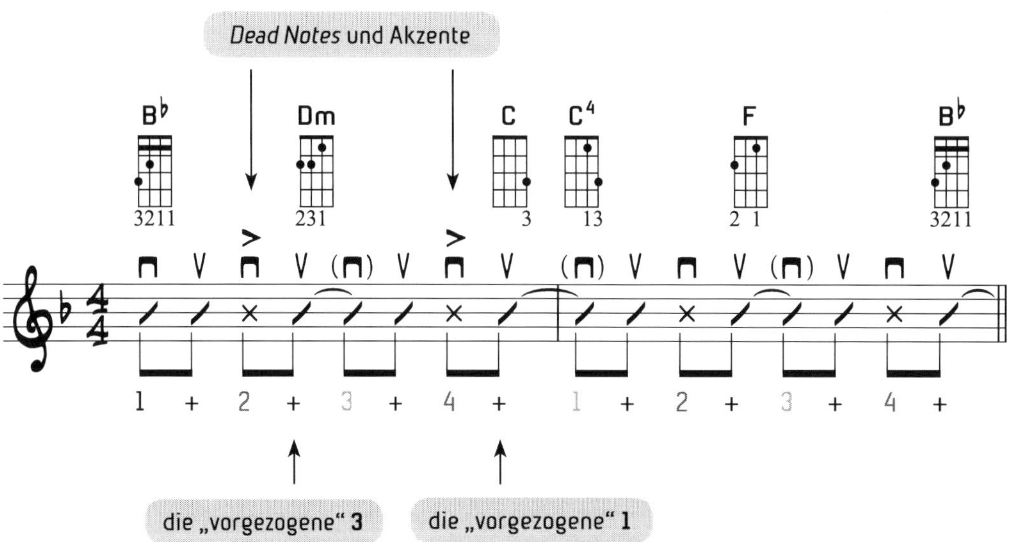

90 Hier habe ich das Strumming noch einmal langsam eingespielt, damit du es gut üben kannst!

YOU AND ME (IN MY POCKET)

56/57/58

(Tonart F-Dur)

Musik + Text:
Jonathan Vandenbroeck & Jo Francken

Intro

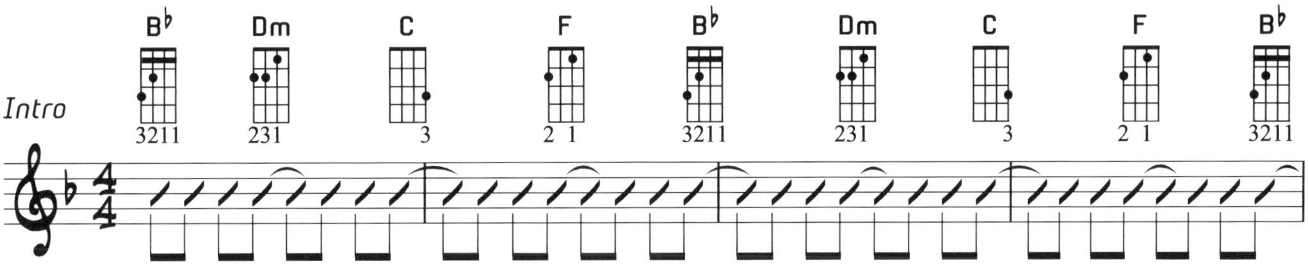

Verse 1:
B♭ Dm C F B♭ Dm C F
I wish you smelled a little funny, not just funny really bad.
B♭ Dm C F B♭ Dm C F
We could roam the streets forever, just like cats but we'd never stray.

B♭ Dm | C F | B♭ Dm | C

B♭ Dm C F B♭ Dm C F
I sometimes wish you were a mermaid, I could raise you in the tub at home.
B♭ Dm C F B♭ Dm C F
We could take a swim together on weekly day trips to the bay.

Refrain 1:
B♭ Dm C F B♭ Dm C F
Oh, oh, you and me, it would be only you and me. *(2x)* You and me.

B♭ Dm | C F | B♭ Dm | C

Verse 2:
B♭ Dm C F B♭ Dm C F
I wish you were a little bigger, not just big but really fat.
B♭ Dm C F B♭ Dm C F
Doors you would no longer fit through, in my bed you would have to stay.
B♭ Dm C F B♭ Dm C F
I often wish that you had feathers, I'd keep you in a giant cage.
B♭ Dm C F B♭ Dm C F
All day long I'd sit and watch you, I'd sing for you and that would be okay.

Refrain 2:
B♭ Dm C F B♭ Dm C F B♭ Dm | C F | B♭ Dm | C |
Oh, oh, you and me, it would be only you and me. *(2x)* You and me.

Bridge:
Am Dm B♭ C Am Dm B♭ C
People say there are plenty of fish in the sea, baby, all I do is wish, I wish, I wish.

Verse 3:
B♭ Dm C F B♭ Dm C F
I wish you were a little slower, not just slow but paralyzed,
B♭ Dm C F B♭ Dm C F
then I could plug you into a socket, so you could never run away.
B♭ Dm C F B♭ Dm C F
I really wish that you were smaller, not just small but really, really short,
B♭ Dm C F B♭ Dm C F
so I could put you in my pocket and carry you around all day.

Refrain 2:
B♭ Dm C F B♭ Dm C F
Oh, oh, you and me, it would be only you and me. *(2x)* You and me.

Outro: B♭ Dm | C F | B♭ Dm | C | *(2x and fade)*

SWING LOW, SWEET CHARIOT

AKKORDE

Einer der bekanntesten Gospel-Songs soll auch in dieser Schule nicht fehlen. Ich habe ihn in C-Dur aufgeschrieben und stelle dir hier die Akkordverbindungen vor.

C nach **C4/9**:
Der **4.** Finger bleibt liegen.

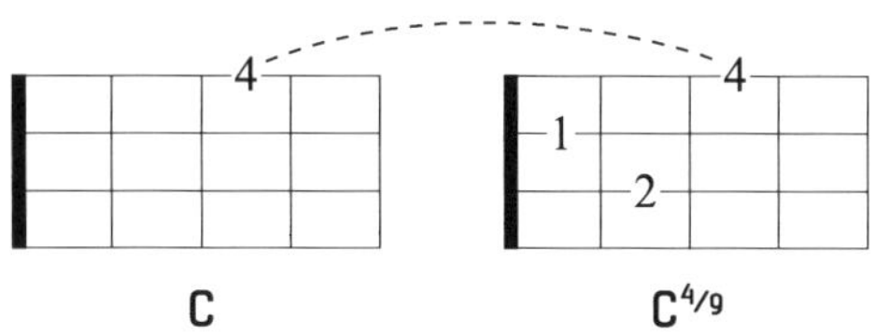

C nach **F**:
Der **4.** Finger bleibt liegen.

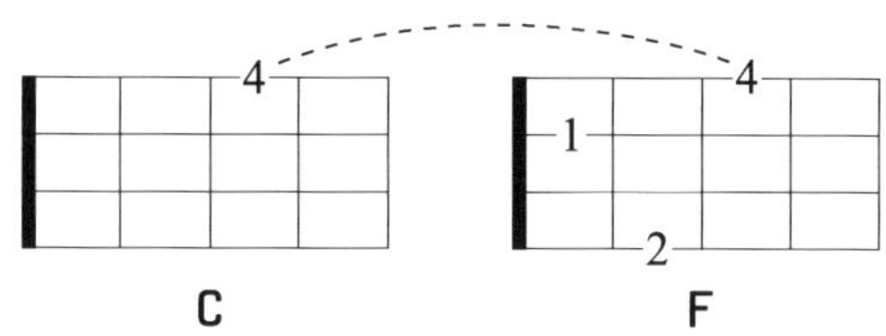

Beim *Turnaround* sind alle Finger, die liegen bleiben können, mit einem Bogen markiert.

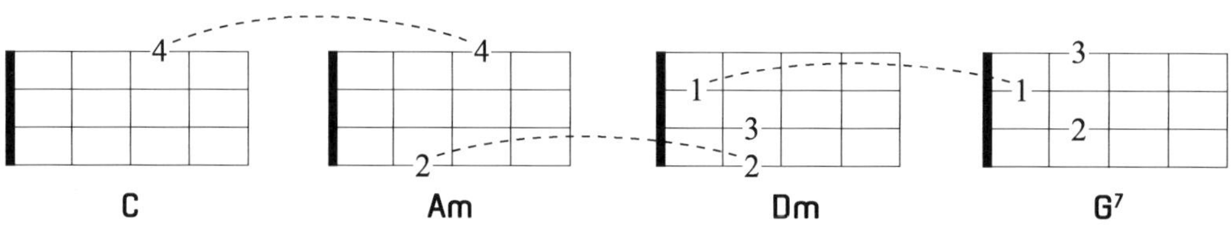

RHYTHMUS

Der 4/4-Takt wird im *swingenden 8tel-Feeling* mit Betonungen auf **2** und **4** gespielt. Die rechte Hand macht wieder acht Bewegungen pro Takt.

Strummings:

1) Vier Viertel mit Betonungen auf **2** und **4**
2) Viertel wechseln mit Achteln, mit Betonungen auf **2** und **4**.
   Im Lied spielst du hauptsächlich diesen Rhythmus.

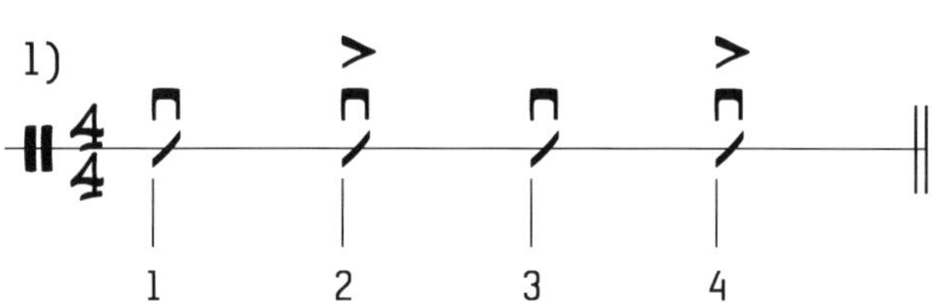

Betonung

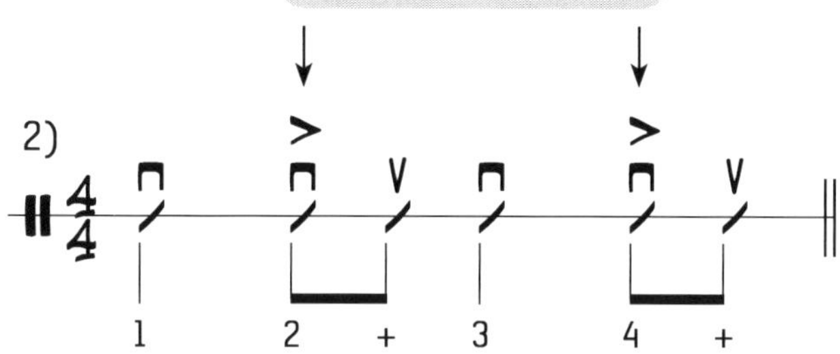

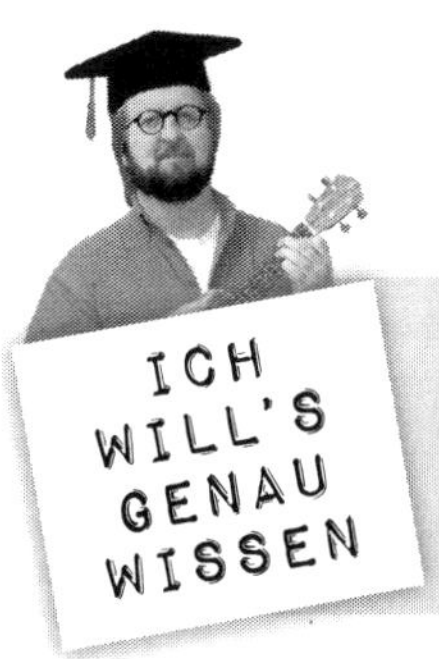

Turnaround: Am Ende einer Strophe wird eine kurze „Kadenzschleife“ eingefügt, die zum Anfang der Akkordfolge zurückführt.
Die meisten Turnarounds basieren auf der I-VI-II-V-Kadenz.

SWING LOW, SWEET CHARIOT

59/60/61

(Tonart C-Dur)

Traditional

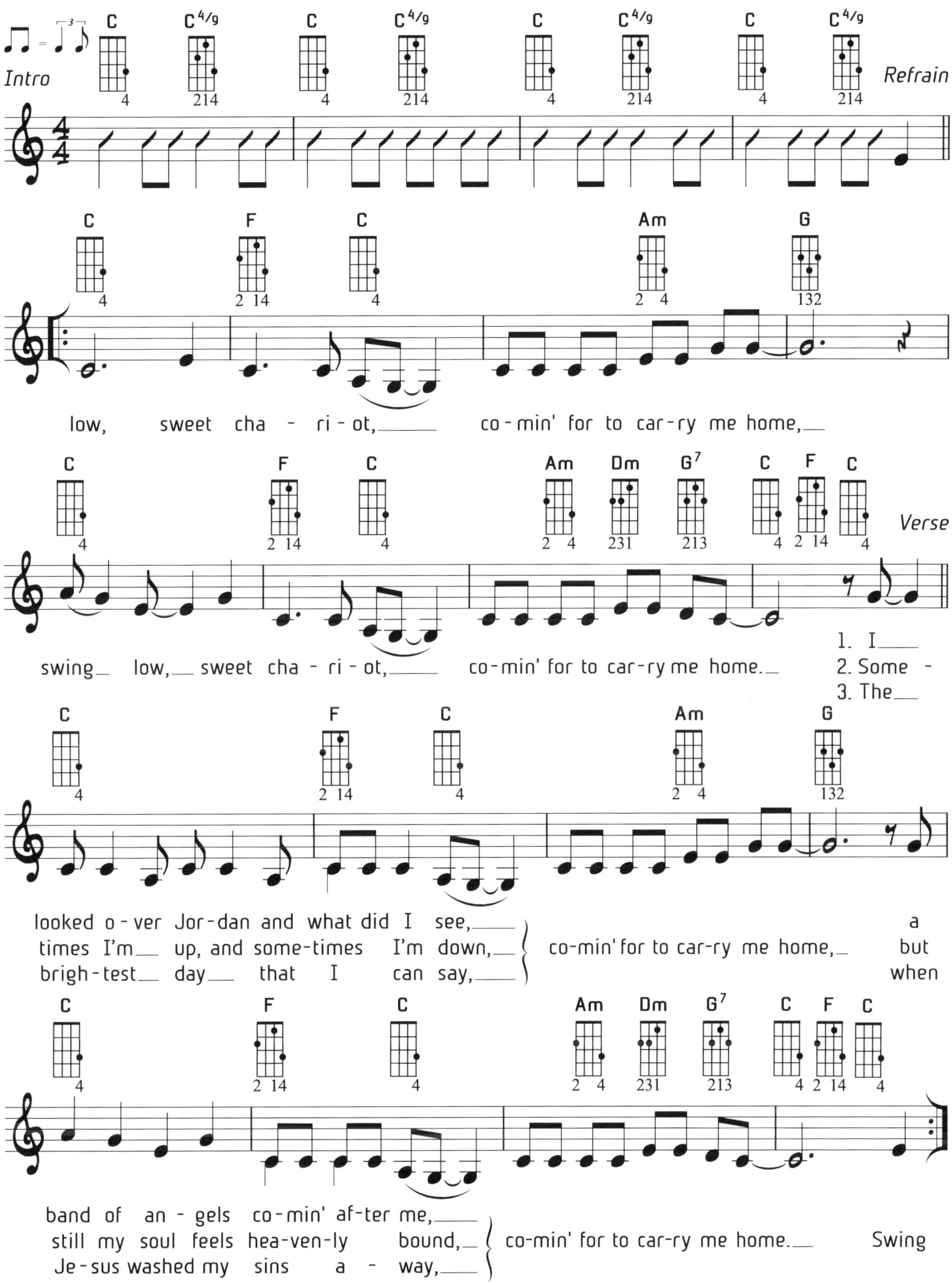

DAS LUMMERLANDLIED

AKKORDE

Das Titellied von „Jim Knopf und Lukas der Lokomotivführer", einer Produktion der beliebten Augsburger Puppenkiste, ist zur Hymne für alle Fans avanciert. Das Lied eignet sich sehr gut für die Ukulele. Eine neue Verbindung mit einem neuen Akkord zeige ich dir hier:

G♯°7 nach **D7**: **1.** und **2.** Finger gleiten einen Bund höher.

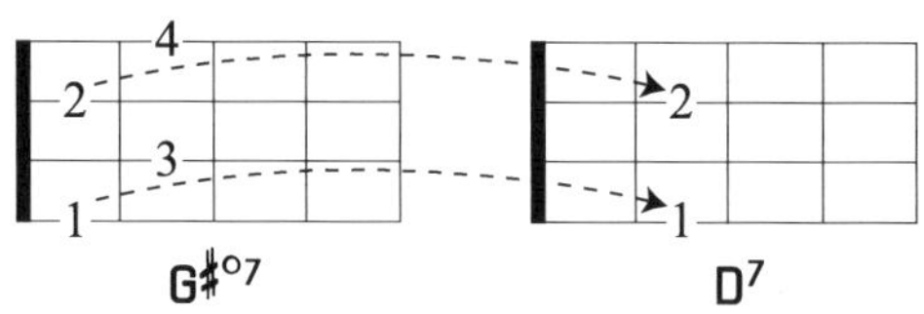

RHYTHMUS

Der 4/4-Takt wird mit *geraden Achteln* und Betonungen auf **2** und **4** gespielt.

Strummings:

1) Du schlägst zweimal pro Takt an (Halbe).
2) Viertel mit Abschlägen
3) Achtel mit Ab- und Aufschlägen (mit *Dead Notes* auf **2** und **4**)

   Man kann das Lied natürlich auch ohne die *Dead Notes* begleiten, aber „mit" klingt es schöner und rhythmischer. Im Lied spielst du Strumming Nr. 3.

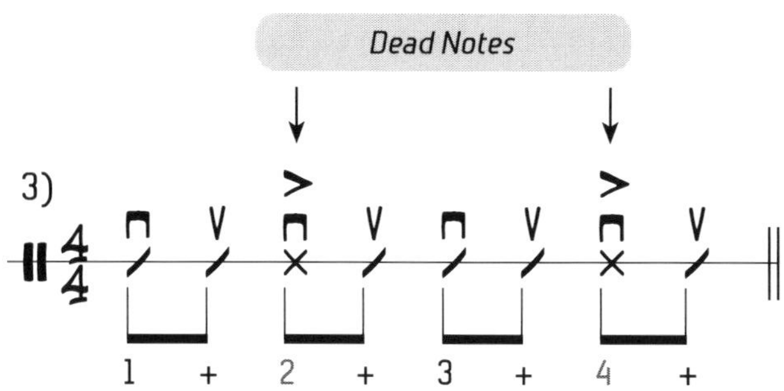

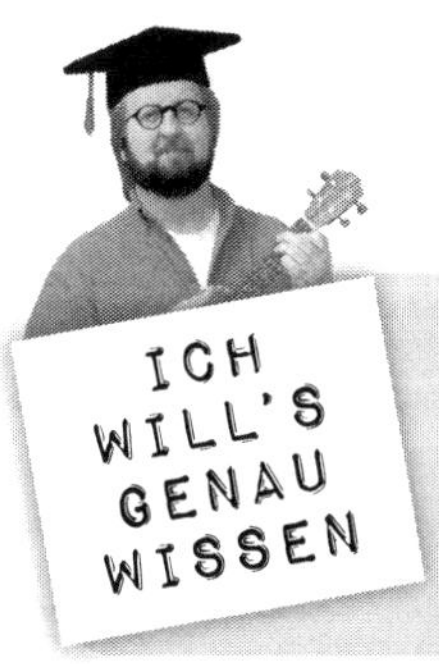

Der Akkord **G♯°7** ist ein sogenannter *verminderter Septakkord*. Bei diesen Akkorden werden alle Töne um einen Halbtonschritt nach unten, in Richtung Grundton verschoben. Ihr Abstand wird also vermindert. Die verminderten Akkorde sind weder Dur noch Moll, sondern haben einen ganz eigenen Aufbau und Klang.

DAS LUMMERLANDLIED

(Tonart G-Dur)

Musik & Text: Martin Meinschäfer/
Sebastian Schoplick/Dominik Stahlschmidt/
Hermann Amann/ Michael Ende/Manfred Jenning

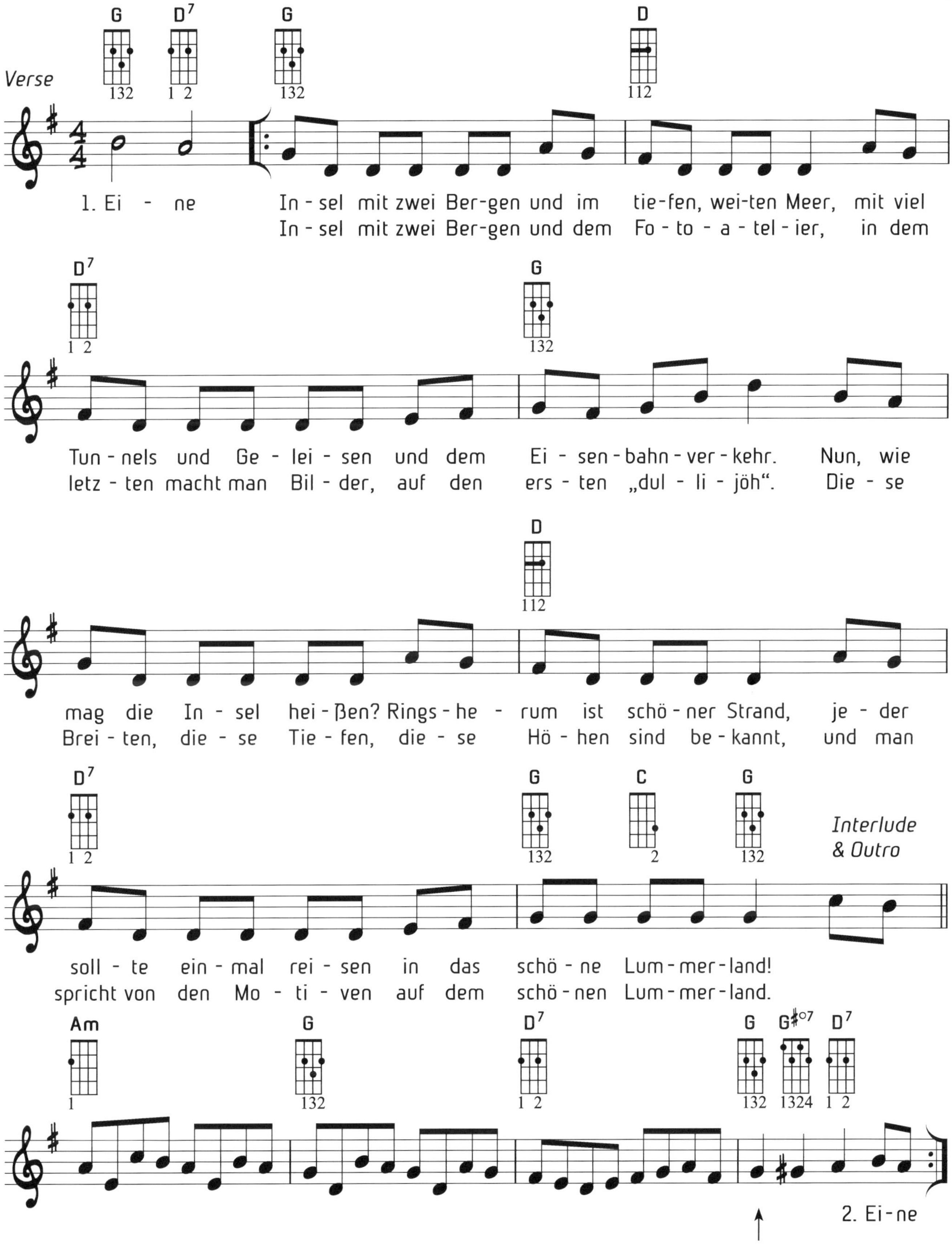

Die Akkordfolge **G - G♯°7 - D7** solltest du erstmal separat üben, bis sie gut klappt!

Aus wendetechnischen Gründen befindet sich die Einführungsseite zu „Everybody“ auf S. 68.

62/63/64

EVERYBODY

(Tonart G-Dur)

Musik & Text:
Ingrid Michaelson

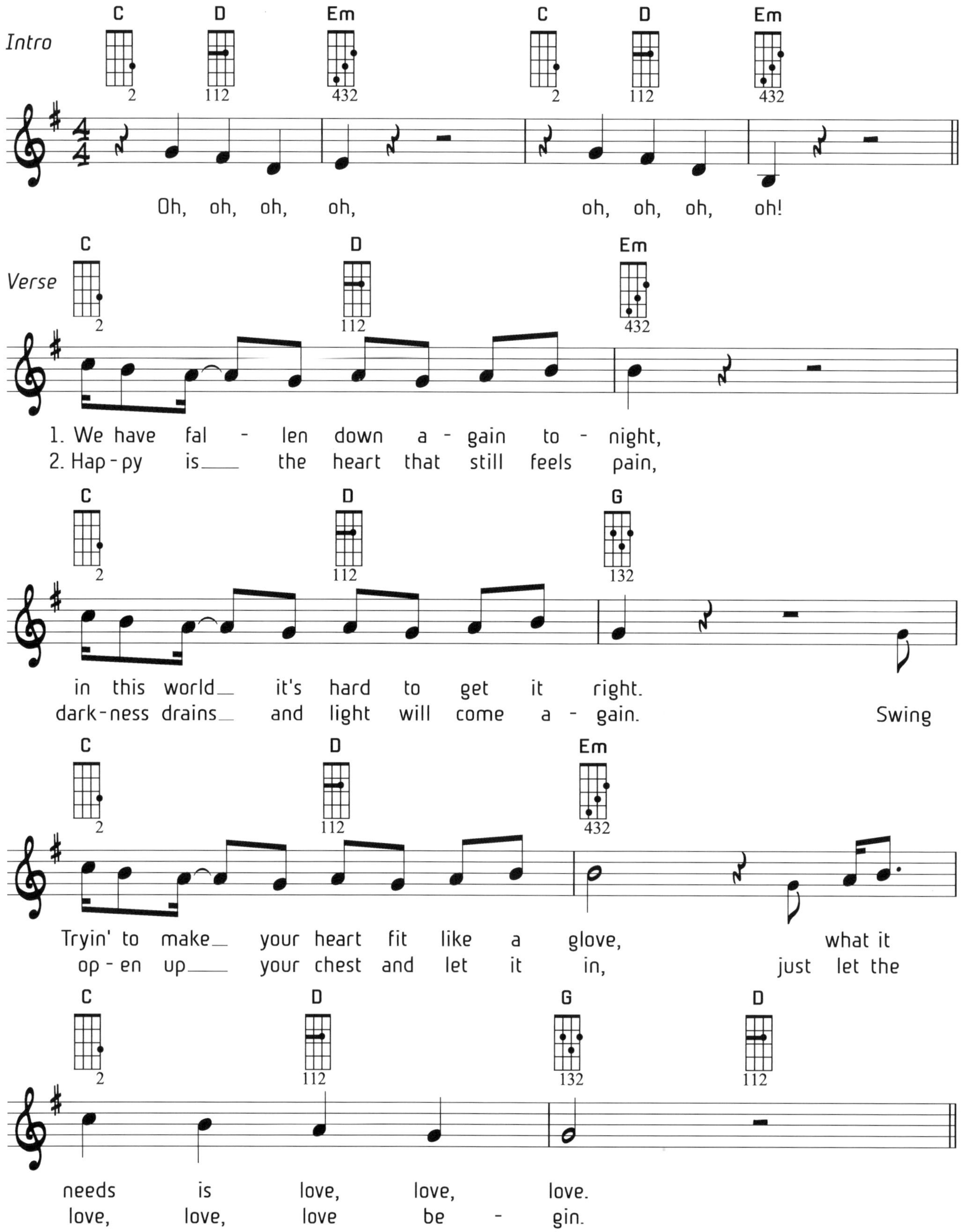

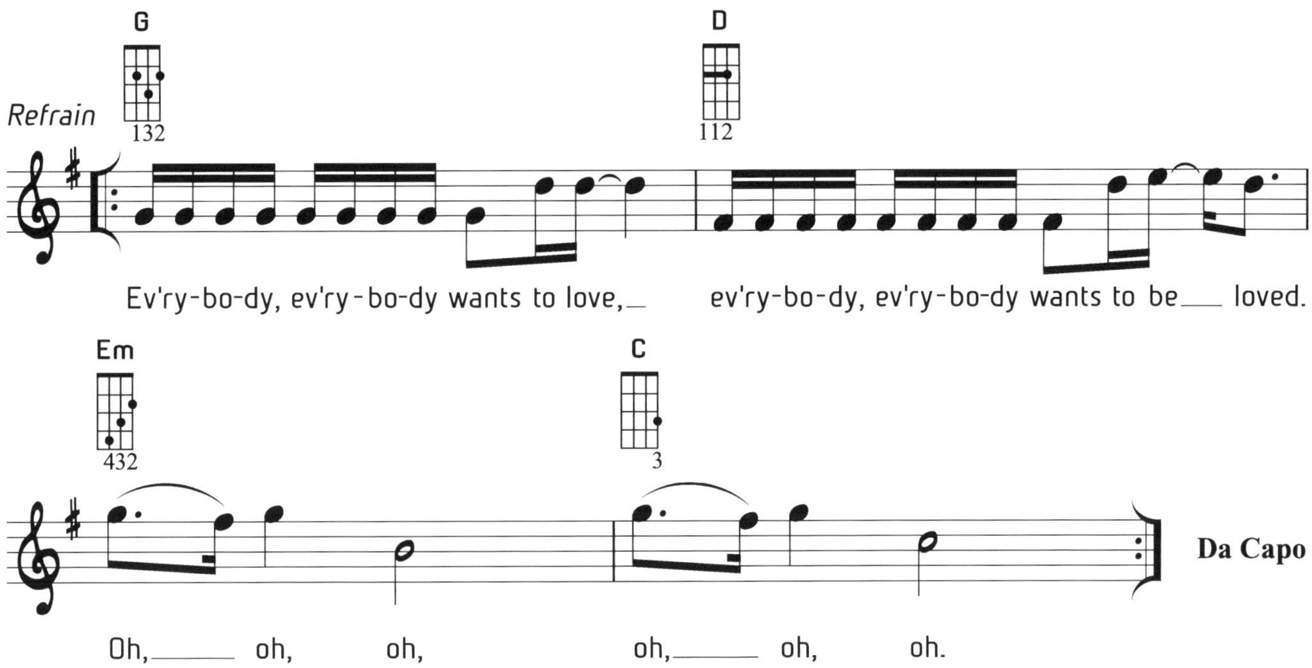

Bridge:

G D
Oh, ev'rybody knows the love, ev'rybody holds the love,

Em C G
ev'rybody folds for the oh, oh, oh. Ev'rybody feels the love,

D Em C
ev'rybody steals the love, ev'rybody heals with lo- oh, oh, oh.

C D Em C D G D
Oh, oh, oh, oh, just let the love, love, love, begin.

Refrain 1:

G D
Ev'rybody, ev'rybody wants to love. Ev'rybody, ev'rybody wants to be loved.

Em C G
Oh, oh, oh, just let the love, love, love, begin.

Refrain 2:

G D
Ev'rybody, ev'rybody wants to love. Ev'rybody, ev'rybody wants to be loved.

Em C
Oh, oh, oh, oh, oh, oh. *(3x and fade out)*

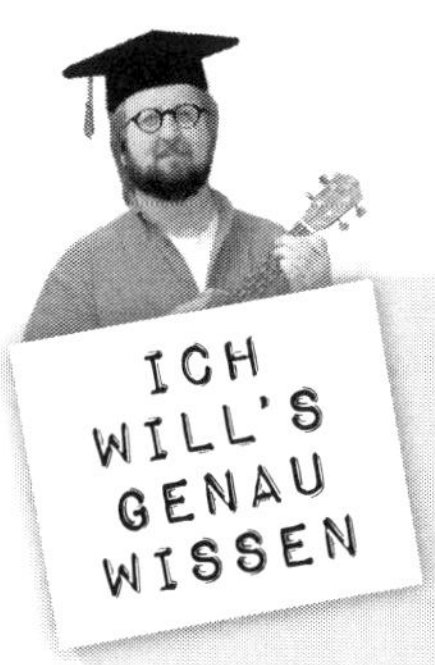

Im Englischen bezeichnet man die Hauptzählzeiten (1-2-3-4) als *Downbeats*. Die Zwischenzählzeiten (+) heißen *Offbeats*. Die *Downbeats* sind im Vergleich die schwereren Taktteile. Werden nun wie im Reggae die *Offbeats* betont gespielt, entsteht durch diese „Gewichtungsverschiebung" ein einzigartiger *Groove*.

EVERYBODY

AKKORDE

Ingrid Michaelson ist eines der Uke-Girls, die durch das Internet bekannt wurden. Ihre Songs haben oft eine Ähnlichkeit mit den Songs von *Jason Mraz,* mit dem sie öfters auftritt. „Everybody" singt sie im Original in E-Dur. Ich habe wegen der Spielbarkeit G-Dur gewählt.

RHYTHMUS

Der 4/4-Takt wird im *Reggae-16tel-Feeling* mit Schlägen und Betonungen auf den *Offbeats* gespielt. Der Groove des Refrains entsteht durch die Sechzehntel auf den *Offbeats*.

Strummings:

1) Du schlägst zweimal pro Takt an (Halbe).
2) Betonte Achtel auf den *Offbeats*, mit Abschlägen
3) Betonte Achtel auf den *Offbeats*, mit Aufschlägen
4) Sechzehntel auf den *Offbeats*

Die Pausen in den Strummings erzeugst du mit der rechten Hand. Strumming 3 spielst du während Intro, Verse etc. Strumming 4 spielst du während des Refrains.

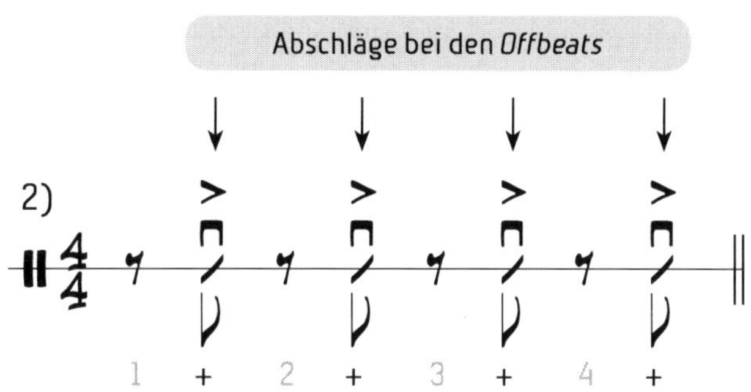

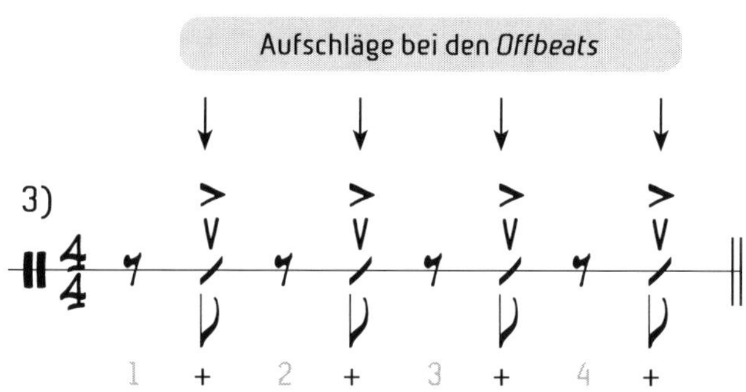

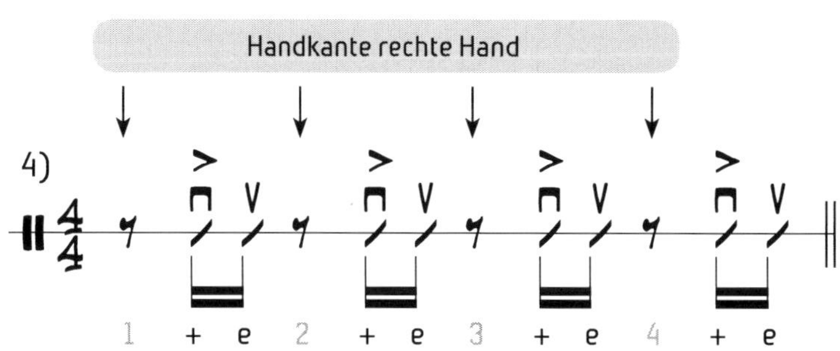

YOU AND I

AKKORDE

„You and I“, ein Song der (oft unterschätzten) Künstlerin *Lady Gaga,* zeigt einige Gemeinsamkeiten mit „We Will Rock You“ von *Queen* (Gitarrist *Brian May* spielt die Gitarre) und „Hey Jude“ von den *Beatles.* Das Original singt sie in A-Dur, eine Tonart, die auch auf der Uke gut zu spielen ist. Die Akkordfolge **A - Hm - D - E** entspricht den Stufen **I - II - IV - V. G** wird manchmal vor **D** eingeschoben. Die Akkorde kennst du bereits. Sollte dir der Akkord **E-Dur** zu schwer fallen, kannst du dafür auch **E^7** spielen.

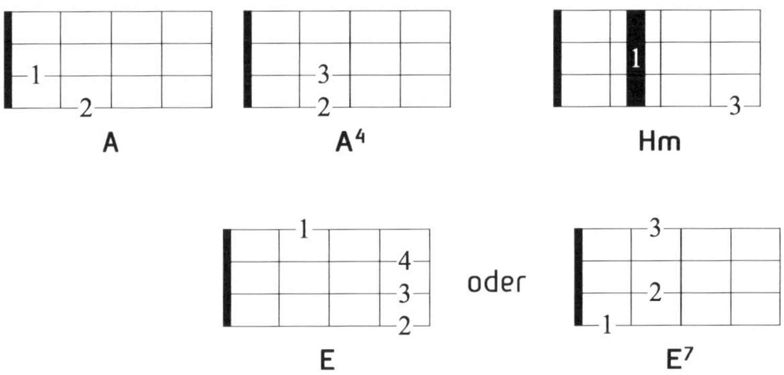

RHYTHMUS

Der 4/4-Takt wird im *Rock 'n' Roll-8tel-Feeling,* mit „geraden“ Achteln und Betonungen auf **2** und **4** gespielt.

Strummings:

1) Ein besonderer *Groove* entsteht in manchen Takten durch zwei *geshuffelte Sechzehntel* auf der **4.**
2) Im Rest des Songs spielst du diesen Rhythmus mit zwei *geshuffelten Sechzehnteln* auf der **2+.**

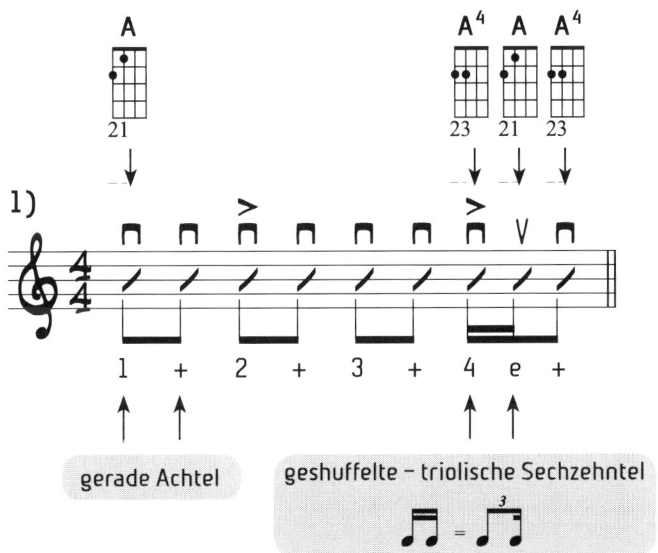

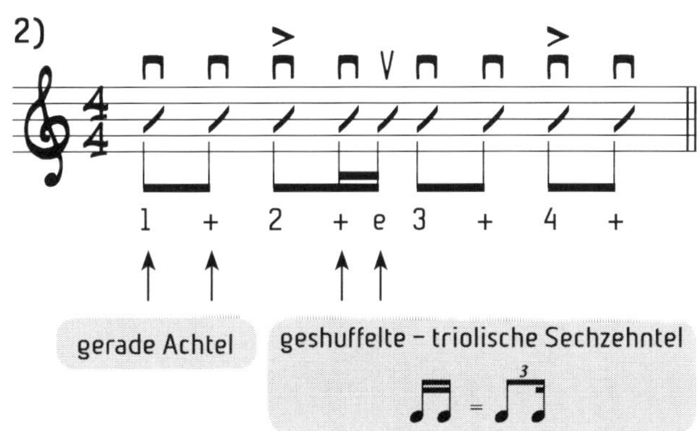

65 (Tutorial)

YOU AND I

(Tonart A-Dur)

Musik & Text:
Stefani Germanotta

Intro: | ▬ | A A^4 A A^4 | A G

Verse 1:

A Hm
It's been a long time since I came around, been a long time but I'm back in town,

D A A^4 A A^4
this time I'm not leaving without you.

A Hm
You taste like whiskey when you kiss me, oh, I'll give anything again to be your baby doll,

D A G
this time I'm not leaving without you.

D A G
He said: „Sit back down where you belong in the corner of my bar with your high heels on."

D E
Sit back down on the couch where we made love the first time and you said to me.

Refrain:

D A G
Something - something, something about this place,

D A G
something - something 'bout lonely nights and my lipstick on your face,

D A G
something - something, something about my cool Nebraska guy,

E D | A A^4 A A^4
yeah, something about, baby, you and I.

Verse 2:

A Hm
It's been two years since I let you go, I couldn't listen to a joke or rock 'n' -roll,

D A A^4 A
muscle cars drove a truck right through my heart.

A^4 D Hm
On my birthday you sang me A Heart of Gold with a guitar humming and no clothes,

D A G
this time I'm not leaving without you, oh, oh, oh, oh.

D A G
Sit back down where you belong in the corner of my bar with your high heels on.

D E
Sit back down on the couch where we made love the first time and you said to me.

Refrain:

D A G
Something - something, something about this place, ...

Bridge 1:

A^4 A A^4 A G D A
You and I, you, you and I. You, you and I, you, you and I, I, you and I,

G D A
you, you and I, oh yeah, I'd rather die, without you and I.

Solo: A | G | D | A

Bridge 2:

D A G
We got a whole lot of money but we still pay rent, 'cause you can't buy a house in heaven.

D
There's only three men that I'ma serve my whole life:

E
It's my daddy and Nebraska and Jesus Christ.

Refrain:

D A G
Something - something, something about the chase, six whole years.

D
Something – I'm a New York woman, born to run you down,

A G
so have my lipstick all over your face.

D A G
Something - something, something about just knowing when it's right.

E D E
So put your drinks up for Nebraska, for Nebraska, Nebraska, I love you.

Bridge 2:

A G D A
You and I, you, you and I, Baby, I'd rather die, without you and I, I.

A G D A
You and I, you, you and I, Nebraska, I'd ra-ther die, without you and I, I.

Outro:

A Hm
It's been a long time since I came around, been a long time but I'm back in town,

D A
this time I'm not leaving without you.

I'M YOURS

AKKORDE

Auf dieser Seite möchte ich dir die Akkordverbindungen des Songs „I'm Yours“ von *Jason Mraz* näher vorstellen. Der Song ist in der Tonart H-Dur aufgenommen, was ein paar anspruchsvollere Akkorde mit sich bringt. Wenn du also mit dem Original mitspielen möchtest, geht das nur in dieser Version.

Von **H** nach **F♯** gleiten Barré und **3.** Finger einen Bund nach unten. Der **2.** Finger wird neu aufgesetzt.

Von **F♯** nach **G♯m** gleiten Barré und **3.** Finger wieder einen Bund nach oben. **2.** und **4.** Finger werden neu aufgesetzt.

Von **G♯m** nach **E** kann der **4.** Finger liegen bleiben.

Von **E** nach **C♯** werden alle Finger neu gesetzt.

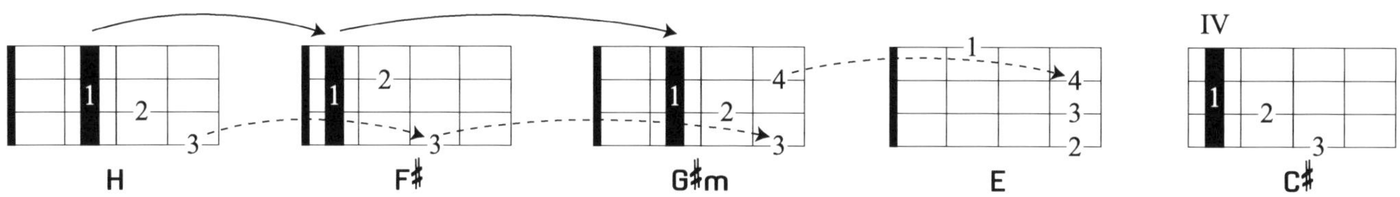

RHYTHMUS

Der Rhythmus wird als *Reggae* bezeichnet, das heißt, du sollst die Zählzeiten **2** und **4** betonen. Die Zählzeiten **1** und **3** werden unbetont und nicht klingend gespielt.

In der Originalaufnahme liegt die rechte Hand während des Anschlags auf allen Saiten. Diesen Effekt nennt man *muted* oder *damped*, was mit „abgedämpft“ zu übersetzen ist. Außerdem werden die Achtel, wie beim Shuffle, wieder triolisch gespielt.

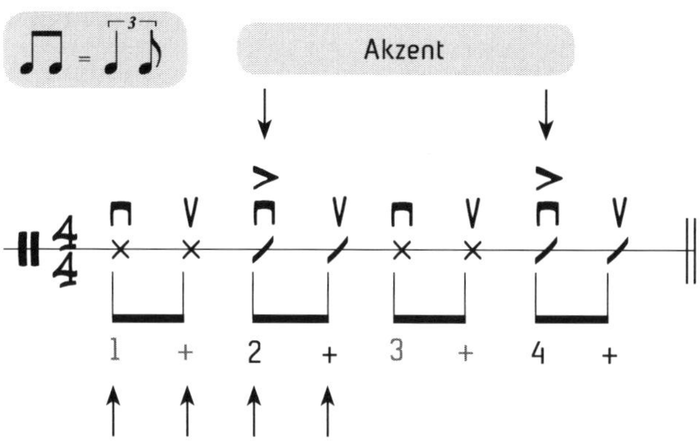

Dead Notes: Der Akkord klingt nicht, weil die linke Hand nur locker auf den Saiten liegt und diese dadurch abdämpft.

Hier klingt der Akkord, die linke Hand greift die Saiten wieder „normal“.

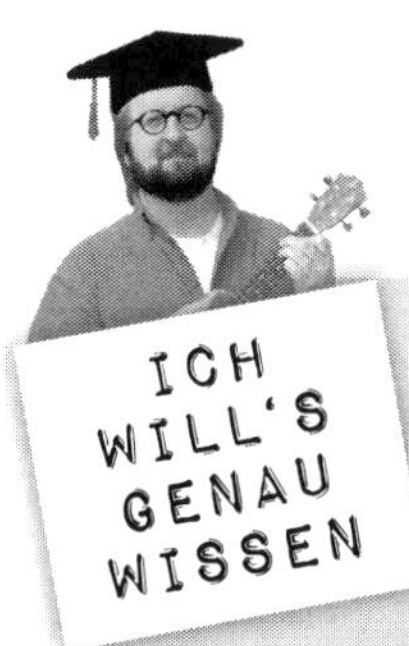

Die Stammtöne wurden ursprünglich nach dem Alphabet benannt: A-B-C-D-E-F-G. Durch einen Schreibfehler wurde aus dem Tonnamen „B“ in Deutschland ein „H“. Die restliche Welt blieb beim „B“, was immer wieder zu Verwechslungen führt, da der Halbton unter „H“ in Deutschland mit „B“ bezeichnet wird. Ich verwende in meinen Ausgaben „H“ und für den Halbton darunter das internationale „B♭“, was mittlerweile als eine „vernünftige“ Lösung betrachtet wird und daher im allgemeinen Gebrauch ist.

66/67/68

I'M YOURS

(Tonart H-Dur)

Musik & Text: Jason Mraz

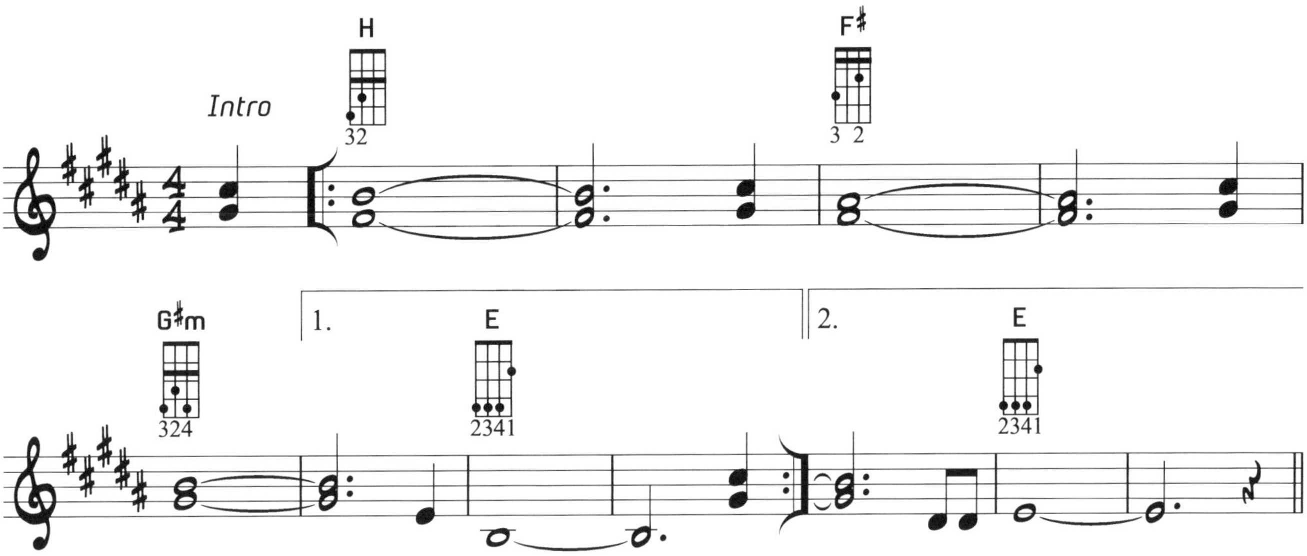

Verse 1:
H   F♯
Well, you done, done me and you bet I felt it, I tried to be chill but you're so hot that I melted,
G♯m   E
I fell right through the cracks, and I'm tryin to get back ...
                H
Before the cool dun run out, I'll be givin it my bestest,
F♯
nothin's gonna stop me but divine intervention.
G♯m   E
I reckon it's again my turn, to win some or learn some ...

Refrain:
H   F♯   G♯m   E   H | F♯ | G♯m | E |
I won't hesitate no more, no more. It can not wait, I'm yours.

Verse 2:
H   F♯   G♯m
Well, open up your mind and see like me, open up your plans and damn' you' re free,
                                                 E
look into your heart and you'll find love, love, love, love.
H   F♯
Listen to the music of the moment people dance and sing,
                              G♯m   E   C♯
we're just one big family and it's our God-forsakin' right to be loved, loved, loved, loved, loved.

Refrain:
H   F♯   G♯m   E
So I won't hesitate no more, no more, it can not wait, I'm sure.
            H   F♯   G♯m   E
There's no need to complicate, our time is short, this is our fate, I'm your's.

Outro: H | F♯ | G♯m | E | H | F♯ | G♯m | E | *(fade out)*

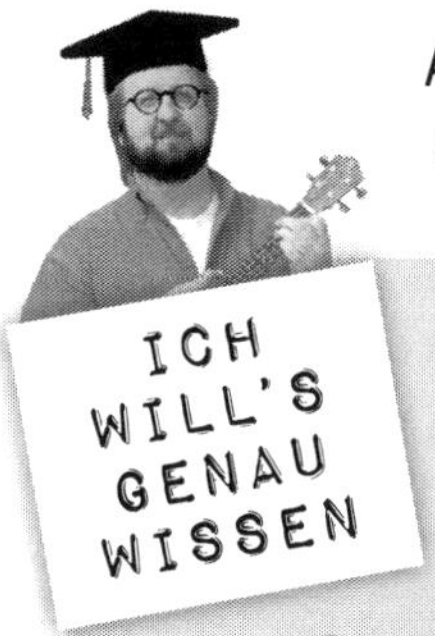

Aus wendetechnischen Gründen befindet sich die Einführungsseite zu „Over The Rainbow & What A Wonderful World“ auf S. 76.

Da *Bruddah Iz* eine Tenor-Ukulele mit *tiefer g-Saite* verwendet, schlägt er bei den Zählzeiten 1 und 3 nur diese *tiefe g-Saite* an. Du kannst das Gleiche auf einer „normal“ besaiteten Ukulele machen, es klingt nur nicht so voll. *Iz* schlägt die tiefe g-Saite mit dem Daumen an. Die anderen Anschläge spielt er mit dem Zeigefinger. Für den „Original-Sound“ kannst du es genauso machen oder auch mit einem Pick spielen. Für den Spielspaß ist es auch nicht notwendig, „exakt“ sein Original-Strumming auszuführen. Das *Feeling* kommt auch mit Strumming Nr. 1 schon gut rüber. Die *Dead Notes* kannst du ebenfalls mit einem einfachen Schlag der rechten Hand auf die Saiten erzeugen. Wie es klingt, hörst du auf dem Tutorial-Track 69. Das Tutorial geht bis zum Beginn des ersten Refrains.

OVER THE RAINBOW & WHAT A WONDERFUL WORLD

69 (Tutorial)

(Tonart G-Dur)

Text: E.Y. „Yip“ Harburg
Musik: Harold Arlen

Intro

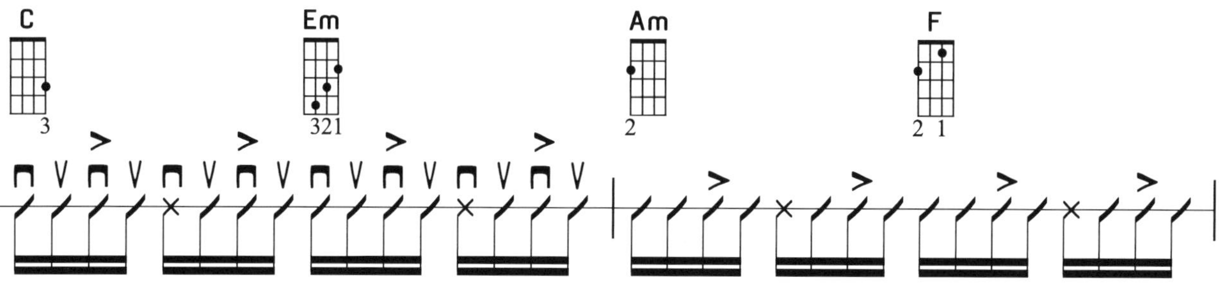

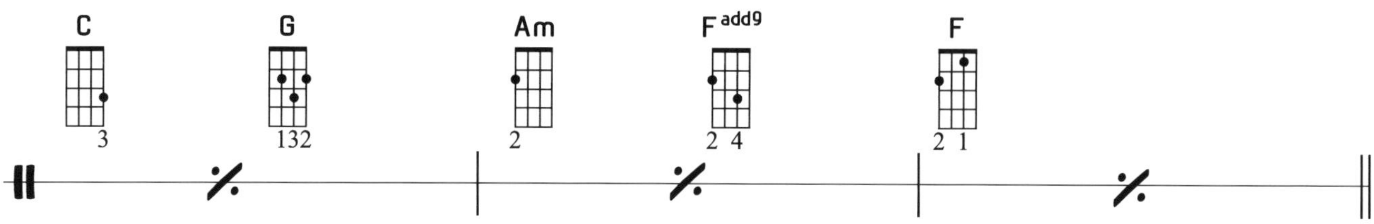

Intro 2:

C Em F C
Ooh, ooh, ooh, ooh, ooh, ooh, ooh, ooh, ooh, ooh.

F E7 Am F
Ooh, ooh, ooh, ooh, ooh, ooh, ooh, ooh, ooh, ooh, ooh.

Refrain:

C Em F C
Somewhere over the rainbow way up high

F C G Am F
and the dreams that you dream of once in a lullaby, ii, ii, ii, oh.

C Em F C
Somewhere over the rainbow bluebirds fly

F C G Am F
and the dreams that you dream of dreams really do come true, ooh, ooh, ooh.

C G Am F
Verse: 𝄋 Someday I'll wish upon a star, wake up where the clouds are far behind me, eeh, eeh, eeh.

C G
Where trouble melts like lemon drops high above the chimney tops that's

Am F
where you'll find me, oh.

C Em F C
Refrain: Somewhere over the rainbow bluebirds fly

F C G Am F
and the dreams that you dare to, oh why, oh why can't I? Ii, ii, ii. 𝄌

WHAT A WONDERFUL WORLD

Musik & Text:
George David Weiss/Robert Thiele

C Em F C F C E^7 Am
Verse 1: Well I see trees of green and red roses too, I'll watch them bloom for me and you

F G Am F
and I think to myself, what a wonderful world.

C Em F C F C E^7 Am
Well I see skies of blue and I see clouds of white and the brightness of day I like the dark

F G C F C
and I think to myself, what a wonderful world.

G C G C
Bridge: The colors of the rainbow so pretty in the sky are also on the faces of people passing by.

F C F C
I see friends shaking hands saying: „How do you do?"

F C Dm G
They're really saying: „I, I love you."

C Em F C F C E^7 Am
I hear babies cry and I watch them grow, they'll learn much more than we'll know

F G Am F
and I think to myself, what a wonderful world, world.

Dal Segno 𝄋 al 𝄌 – 𝄌

𝄌
C Em F C
Outro: Ooh, ooh, ooh, ooh, ooh, ooh, ooh, ooh, ooh, ooh.

F E^7 Am F
Ooh, ooh, ooh, ooh, ooh, ooh, ooh, ooh, ooh, ooh, ooh. *(fade out)*

OVER THE RAINBOW & WHAT A WONDERFUL WORLD

AKKORDE

Die legendäre „Uke-Hymne" des bereits verstorbenen Hawaiianers *Israel Kamakawiwo'ole* ist ein „Muss" für jeden Ukulele-Spieler. Die Akkordfolge ist in beiden Songs sehr ähnlich. Die Verbindungen der meisten Akkorde hast du bereits kennengelernt. Ein neuer Akkord ist **F^add9^**, ein Dur-Akkord mit hinzugefügter None. Er ist sehr einfach zu greifen.

Am nach **F**add9:
Der **2.** Finger bleibt liegen.

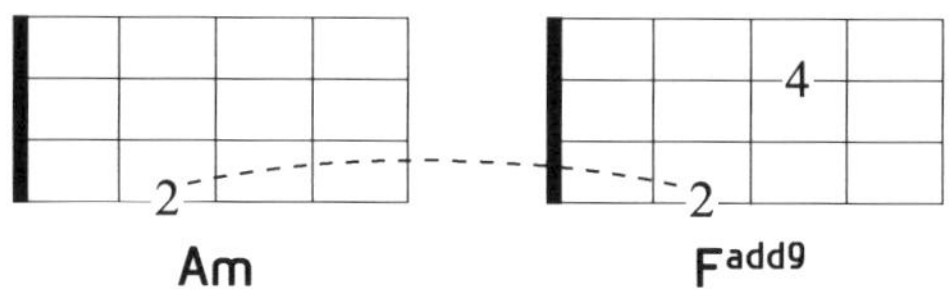

RHYTHMUS

Der Rhythmus hat ein leichtes *Reggae-Feeling* mit Betonungen auf allen *Offbeats*. Die Schläge **2** und **4** werden als *Dead Notes* gespielt. Beginne deshalb sehr langsam, mit nur einem Akkord und steigere erst allmählich das Tempo.

Mögliche Strummings:

1) Je ein Achtel und zwei Sechzehntel mit Betonungen auf allen *Offbeats* und *Dead Notes* auf **2** und **4**

2) Wie in Beispiel 2 notiert und beschrieben (Original-Strumming)

1)

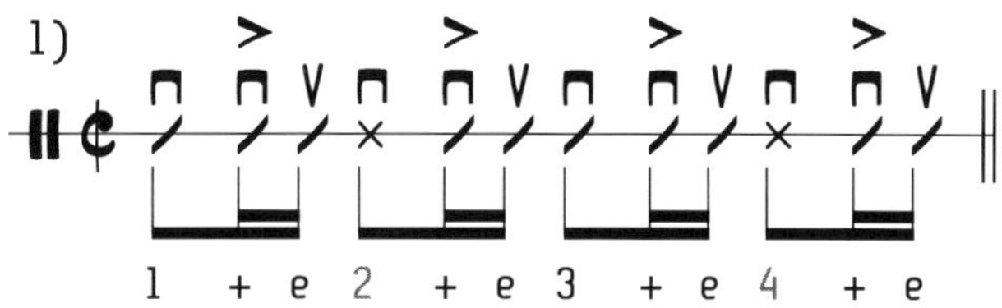

2)

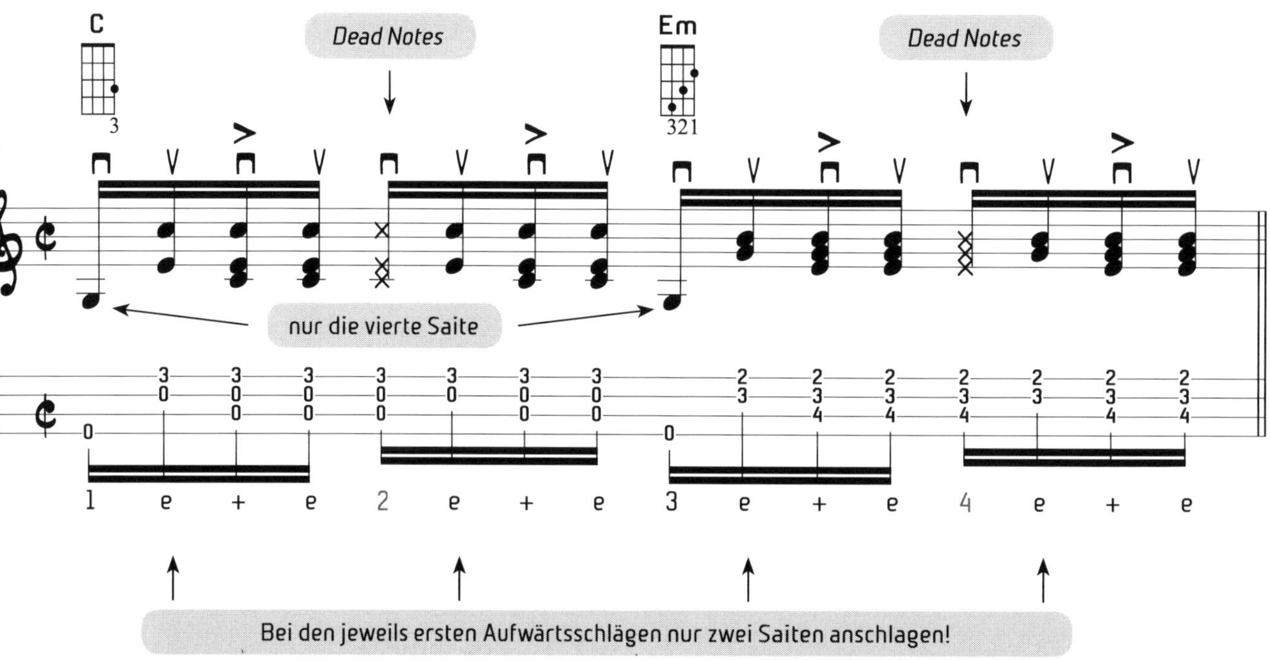

FLYING

AKKORDE

„Flying" der dänischen Band *Nice Little Penguins* ist wieder ein echter Ukulele-Hit. Im Original spielt *Michael Kolster* eine Uke in D-Stimmung mit Standard-Besaitung. Der Song klingt also einen Ganzton höher. Wenn du zum Original spielen willst, musst du einen Kapodaster im zweiten Bund aufsetzen oder deine Uke einen Ganzton höher stimmen. Die zusätzlichen Akkorde des Refrains siehst du hier.

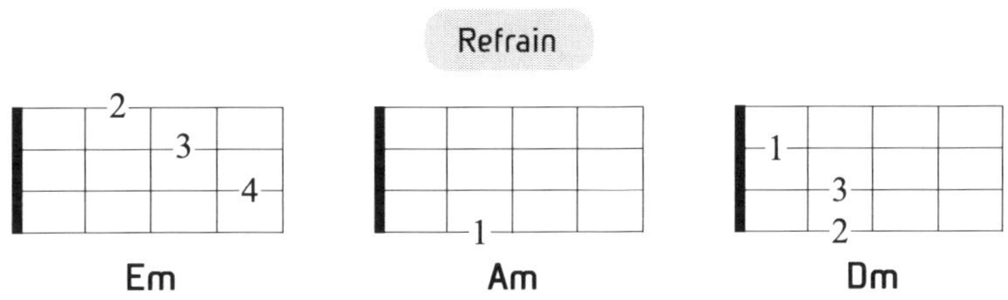

RHYTHMUS

Der 4/4-Takt wird im *8tel-Feeling* mit *geshuffelten Achteln* und Betonungen auf **2** und **4** gespielt. Die Ukulele spielt hier nicht nur Akkorde, sondern auch eine kleine „Akkordmelodie", wie in der Intro notiert.

Strummings:

1) Du schlägst zweimal pro Takt an (Halbe).
2) Viertel mit Abschlägen
3) Viertel und Achtel mit Ab- und Aufschlägen *(geshuffelt)*

   Im Song spielst du den Rhythmus der Intro, im Refrain spielst du Strumming Nr. 3.

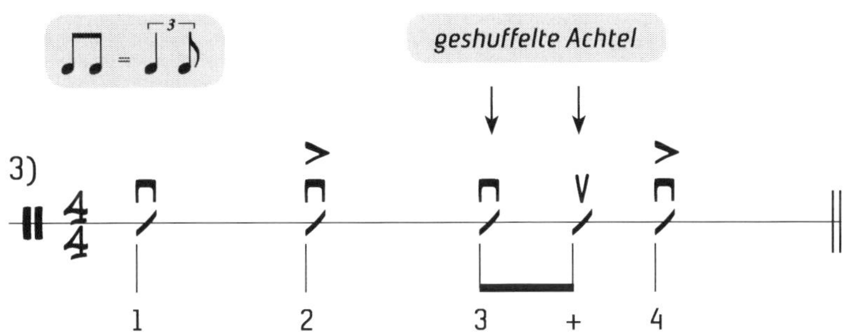

70/71/72

FLYING

(Tonart C-Dur)

Musik & Text: Carsten Kolster/
Michael Kolster/Bo Feierskov

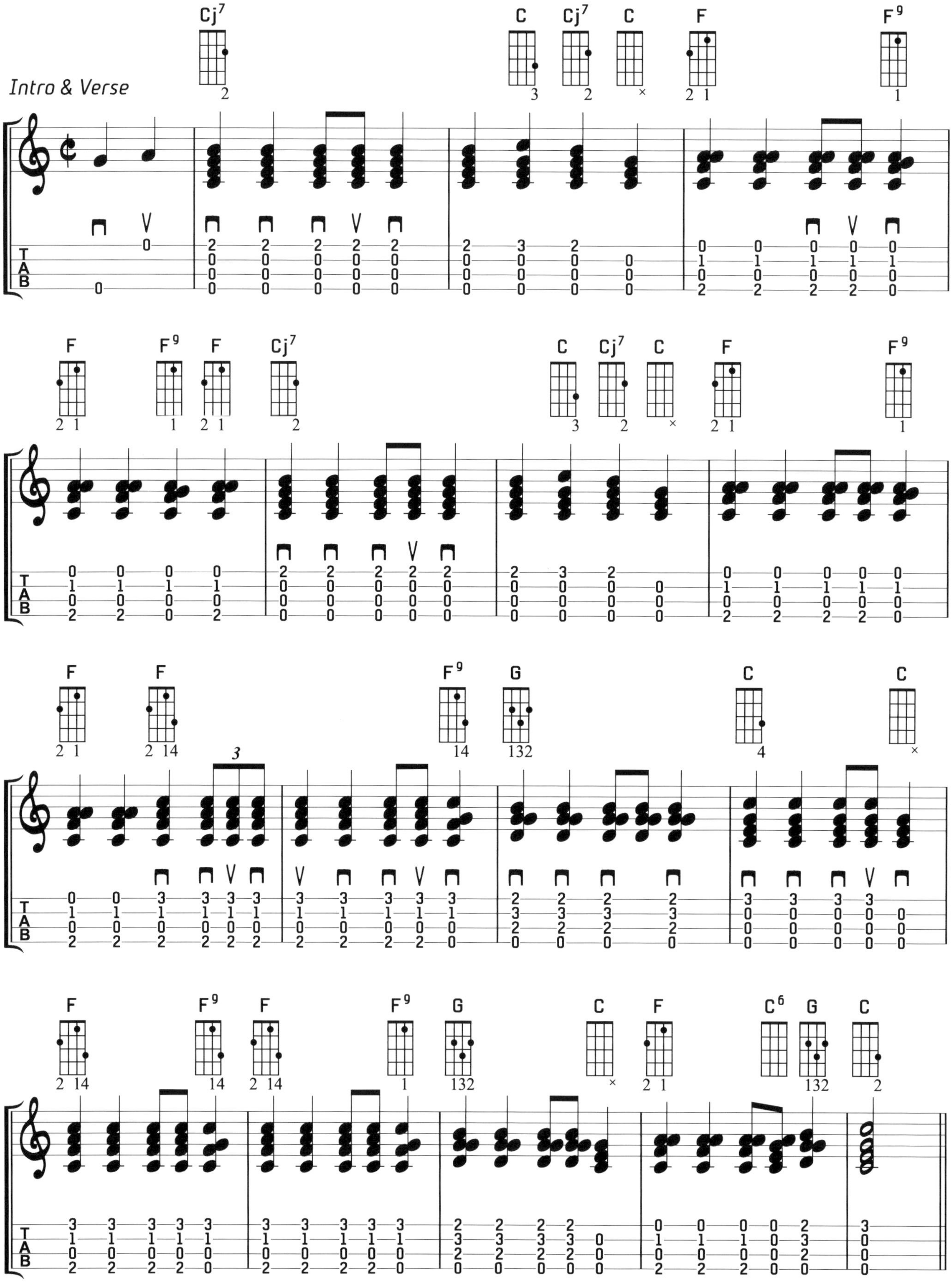

```
                   Cj7            F          Cj7                    F
Verse 1:    Here I am, I'm on my own, for the first time really on my own.

            F         G              C         F         G                    F  G  C
             So will I make it, will it   work allright, can I make it through the night?   And I go.

            F    G  Em  Am  Dm  G        Cj7  Am
Refrain:    Ooo-hu, ooo-hu,   oo - hu, I am fly - ing.

            F    G  Em  Am  Dm  G           F  G  C
            Ooo-hu, ooo-hu,   oo - hu, in open space.

                    Cj7            F            Cj7                    F
Verse 2:    Look at me, I'm riding high, I'm the airborne Master of the sky

            F          G                  C          F               G                F  G  C
             and everything beneath me   seems to fade, without a trace, without a shade.   And I go.

            F    G  Em  Am  Dm  G        Cj7  Am
Refrain:    Ooo-hu, ooo-hu,   oo - hu, I am fly - ing.

            F    G  Em  Am  Dm  G           F  G  C
            Ooo-hu, ooo-hu,   oo - hu, in open space.   And I go.

            F    G  Em  Am  Dm  G        Cj7  Am
Refrain:    Ooo-hu, ooo-hu,   oo - hu, I am fly - ing.

            F    G  Em  Am  Dm  G           F  G  C
            Ooo-hu, ooo-hu,   oo - hu, in open space.
```

BRUDER JAKOB
(ERWEITERTE VERSION)

AKKORDE

Hier nun die zweite Version von „Bruder Jakob“ mit ein paar neuen, interessanten Akkorden. C-Dur wird hier mit dem vierten Finger gegriffen und wechselt mit dem Akkord **$C^{4/9}$**. In den Schlusstakten kommen die Akkorde **D^7** und **Fm** dazu. Was beim Greifen und Wechseln wichtig ist, erkläre ich dir jetzt:

C nach **$C^{4/9}$**:
Der **4.** Finger bleibt liegen,
1. und **2.** kommen dazu.

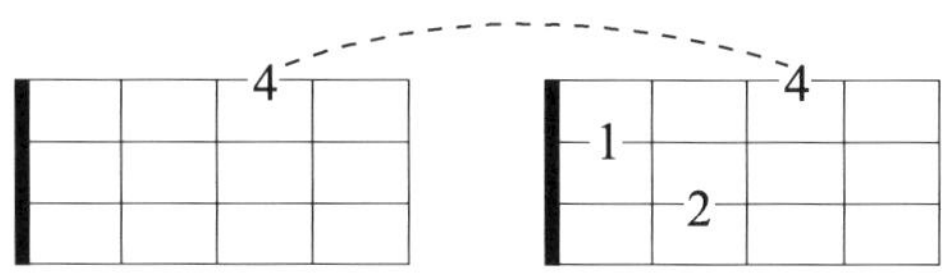

C $\quad$ $C^{4/9}$

C nach **D^7**:
Der **4.** Finger bleibt liegen.

D^7 nach **Fm:** Die Finger **1** und **2** gleiten in den ersten Bund.
Der **4.** Finger bleibt liegen.

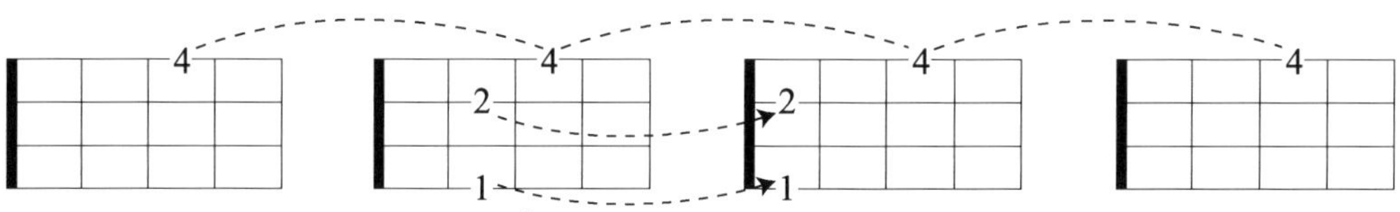

C $\quad$ D^7 $\quad$ Fm $\quad$ C

RHYTHMUS

Du kannst dieselben fünf Strummings wie in der ersten Version verwenden (vgl. S. 10).

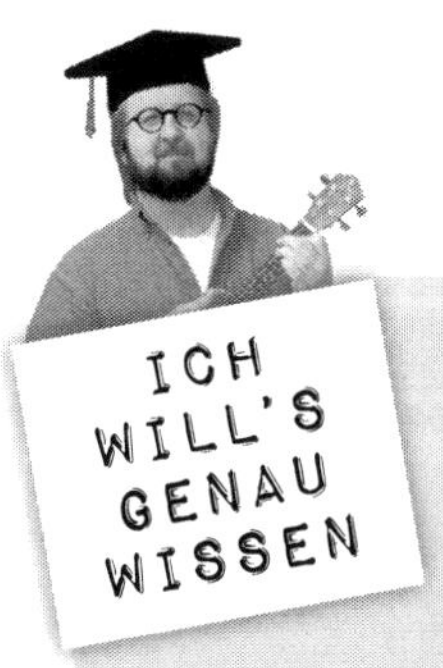

Der Akkord **$C^{4/9}$** heißt eigentlich **$C^{sus4/9}$**. Die Bezeichnung sagt dir, dass statt der Terz des Akkordes eine Quarte eingesetzt und die None (zweiter bzw. neunter Ton der Tonleiter) hinzugefügt wird. Es ist ein sog. „Vorhaltsakkord“ mit hinzugefügter None. Der Akkord enthält zwei „Reibungstöne“ und dadurch einen interessanten Klang.

BRUDER JAKOB
(ERWEITERTE VERSION)

73/74

(Tonart C-Dur)

Traditional

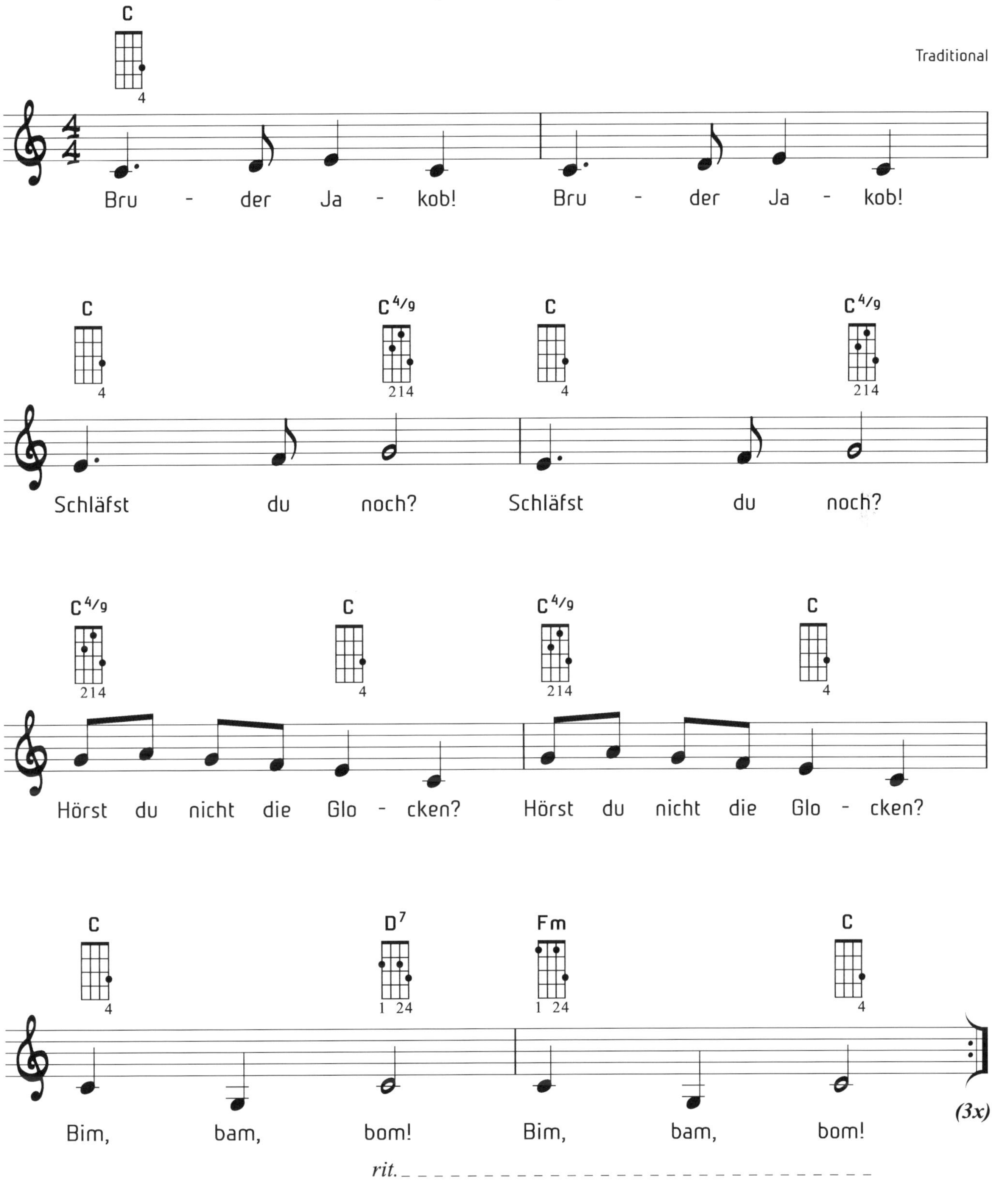

rit. = *ritardando* = langsamer werdend

OH MY DARLING CLEMENTINE
(ERWEITERTE VERSION)

AKKORDE

Die neuen Akkorde in dieser Version sind: **Em, Dm** und **Am.** Bei den Akkordwechseln ist es wichtig, dass du ohne Probleme von einem zum anderen kommst. Hier lassen sich einige Akkorde sehr gut miteinander verbinden.

G^7 nach Dm:
Der **1.** Finger bleibt liegen.

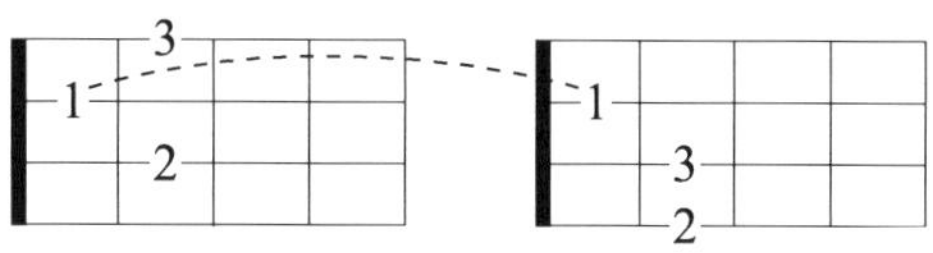

G^7 Dm

Am nach Dm:
Der **2.** Finger bleibt liegen.

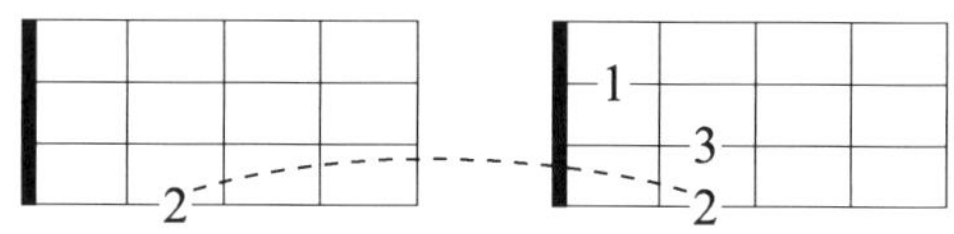

Am Dm

RHYTHMUS

Was der Walzer in Europa, ist in Amerika der *Waltz* oder *Jazz-Waltz* in *swingender Spielweise.* Im *Swing* wird die erste Achtelnote lang, die zweite kurz gespielt. Man nennt dies *triolische Spielweise.* Bei den Halben und Vierteln besteht zwischen gerader und swingender Spielweise kein Unterschied!

1+2) Viertel mit *swingenden Achteln* kombiniert

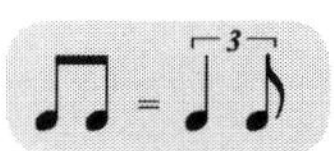

1)

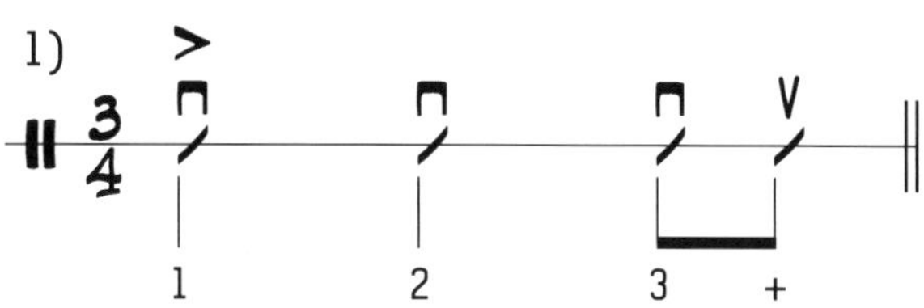

2)

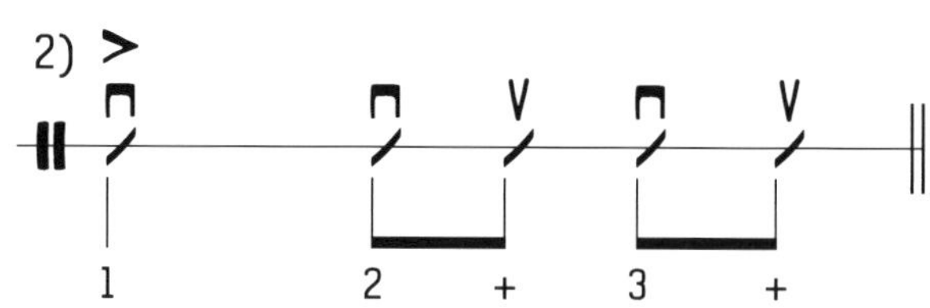

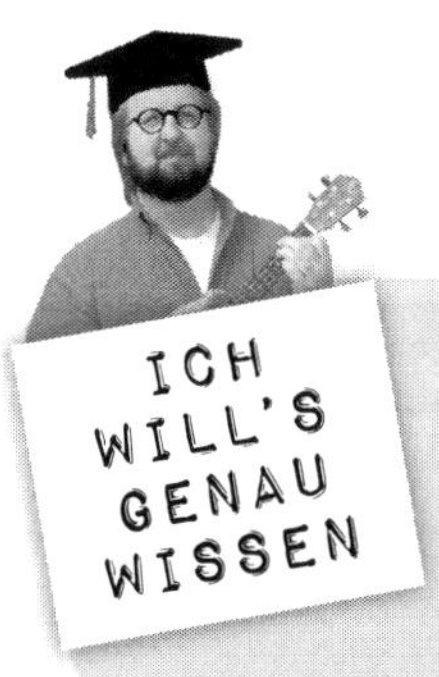

Die Sache mit dem *Swing* oder auch *Shuffle* ist komplizierter zu erklären als zu spielen. Deshalb habe ich zu diesem Thema eine Erklärungsseite erstellt. Wenn's dich interessiert, findest du sie im Buch auf Seite 99. Zusätzlich empfehle ich dir das Swing-Tutorial auf Track 87.

OH MY DARLING CLEMENTINE

(ERWEITERTE VERSION)

75/76/77

(Tonart C-Dur)

Traditional

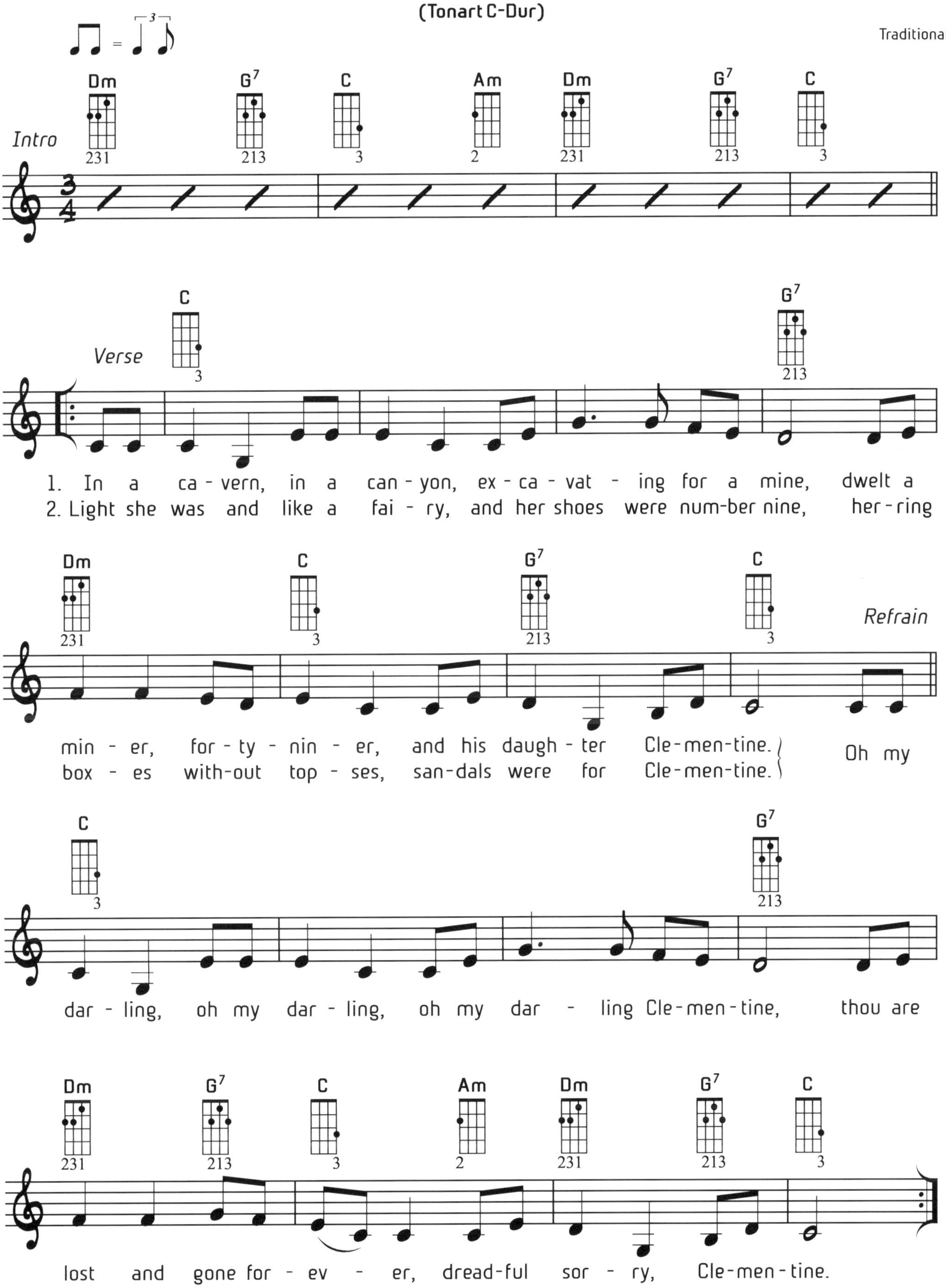

SCARBOROUGH FAIR
(ERWEITERTE VERSION)

AKKORDE

Bei der zweiten Version des Liedes habe ich wieder einige *sus-Akkorde* verwendet, die dem Lied schöne Klangfarben geben. Eine ähnliche Wirkung erzielt man mit dem **C**⁶-Akkord in Takt 4 und 5. Du lässt einfach nach **Dm** alle Finger weg, so einfach kann es sein! Die Akkordwechsel und den Zeitpunkt des Wechsels habe ich in den folgenden Bildern deutlich hervorgehoben:

a) Im dritten Takt spielst du **C**⁴ auf der Zählzeit **2+,** auf der **3** spielst du wieder **C**, im vierten und fünften Takt spielst du **C**⁶ jeweils auf der Zählzeit **3**.

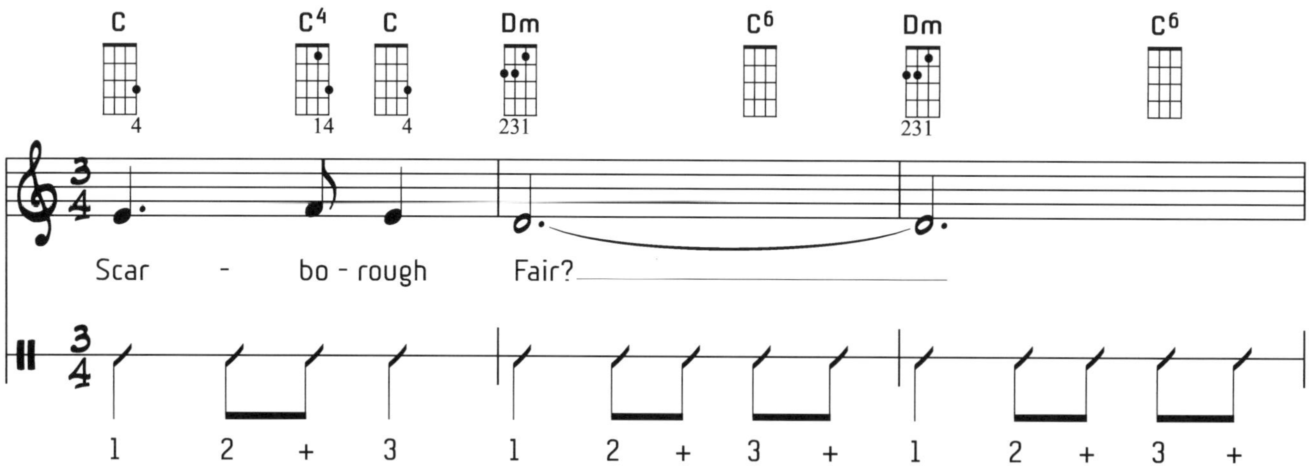

b) In Takt 14/15 spielst du **F** auf der Zählzeit **3, C** auf der **3+**. Auf der folgenden **1** greifst du **F** und auf der **2** wieder **C**.

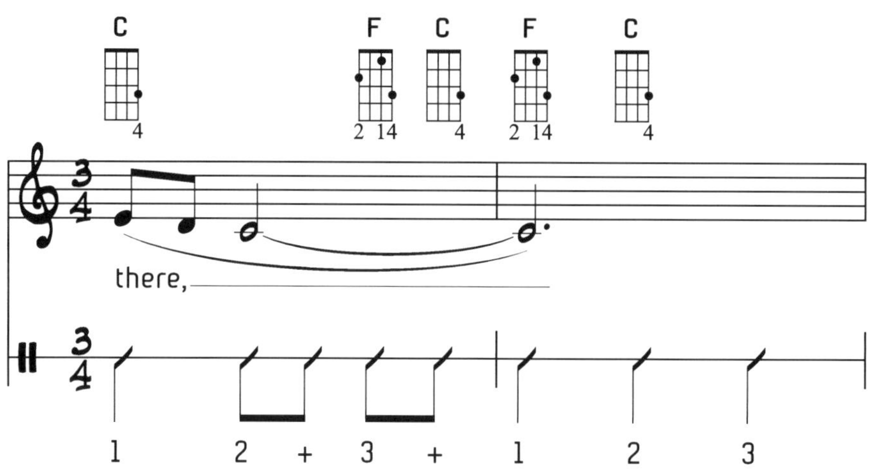

Ich empfehle dir, diese Wechsel erst einmal ganz langsam und mit lautem Zählen zu üben. Wenn du sicherer bist, kannst du das Tempo allmählich steigern.

SCARBOROUGH FAIR
(ERWEITERTE VERSION)

(Tonart d Dorisch)

Traditional

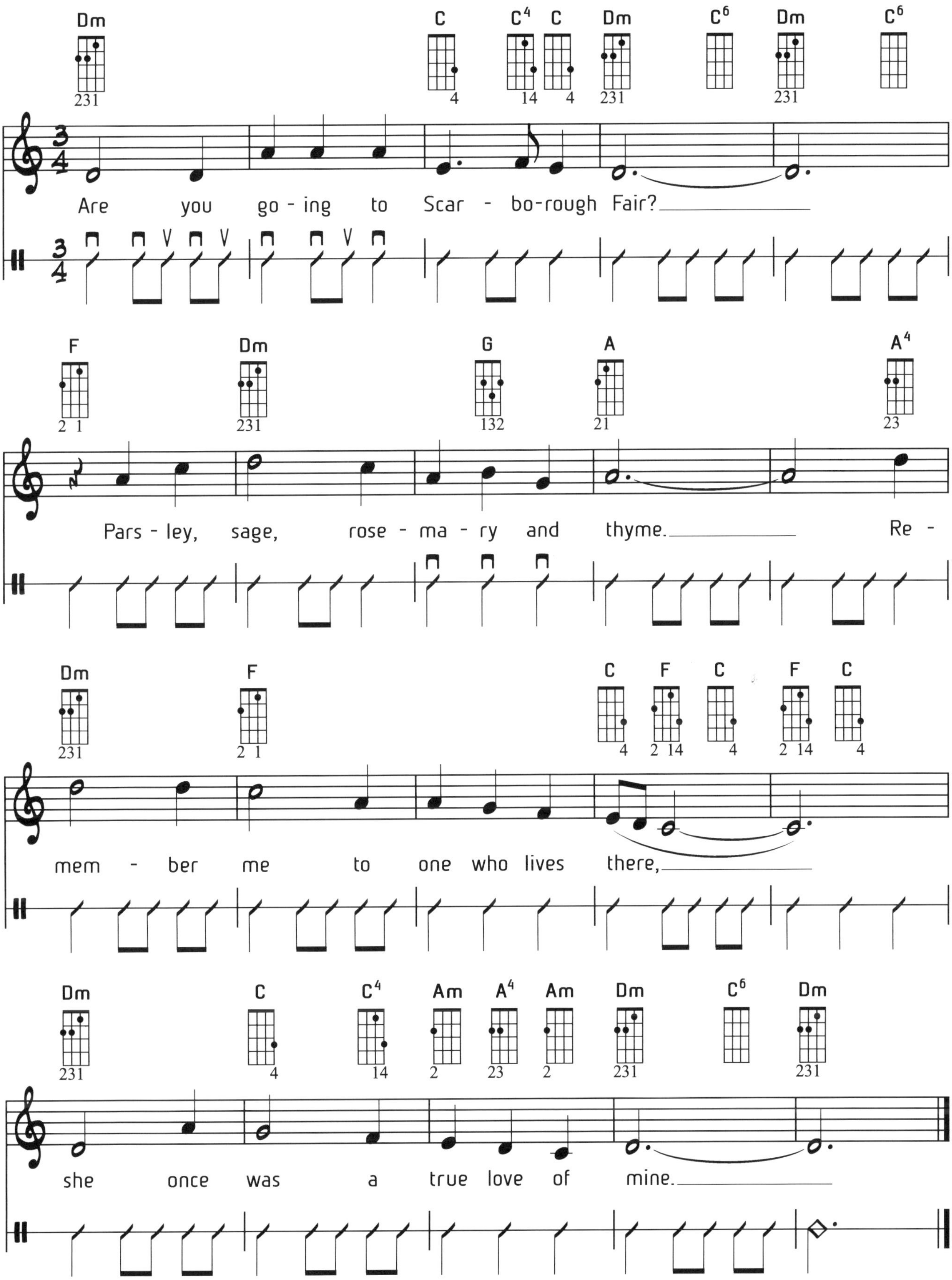

MY BONNIE IS OVER THE OCEAN
(ERWEITERTE VERSION)

AKKORDE

In der erweiterten Version tauchen einige neue Akkorde und Verbindungen auf.

C nach **F**:
Der **4.** Finger bleibt liegen.

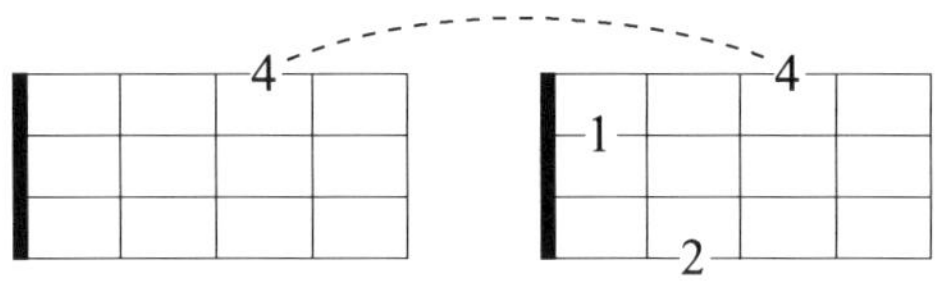

C F

C nach **D**^{7}:
Während der **4.** Finger liegt, bereiten sich **1** und **2.** Finger in der Luft vor.

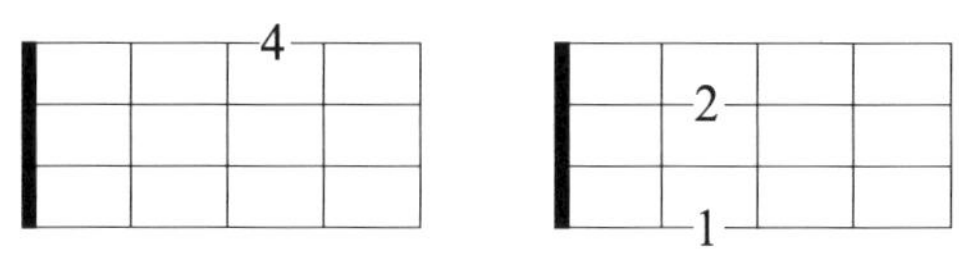

C D^7

A^7 nach **D**^{7}:
Während der **1.** Finger liegt, bereiten sich **2.** und **3.** Finger in der Luft vor.

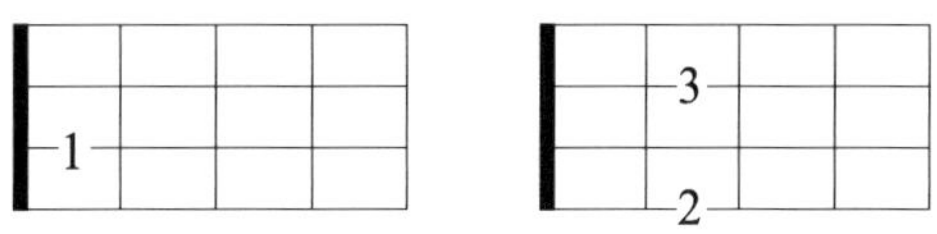

A^7 D^7

D^7 nach **G**^{7}:
Die Finger **2** und **3** gehen eine Saite höher, der **1.** Finger kommt dazu.

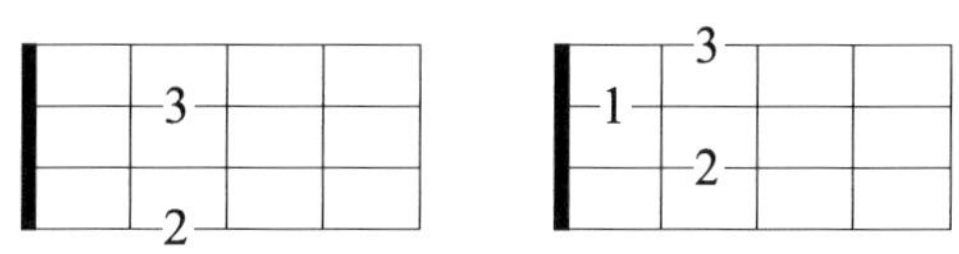

D^7 G^7

C nach **C**$^{4/9}$:
Der **4.** Finger bleibt liegen.

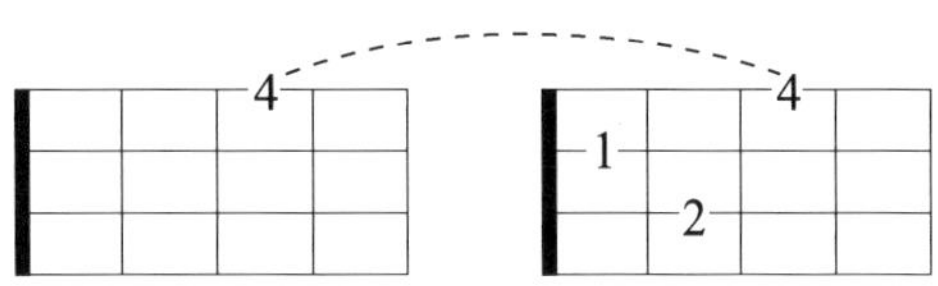

C C$^{4/9}$

G$^{7/9}$: Wie **G**^{7} ohne den **3.** Finger.

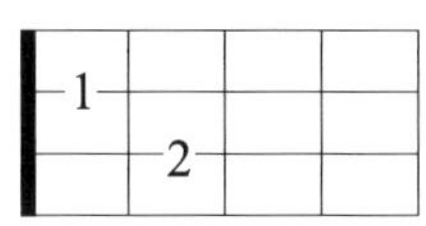

G$^{7/9}$

RHYTHMUS

Du kannst dieselben Strummings wie bei der leichten Version (vgl. S. 20) verwenden.

MY BONNIE IS OVER THE OCEAN

78/79/80

(ERWEITERTE VERSION)

(Tonart C-Dur)

Traditional

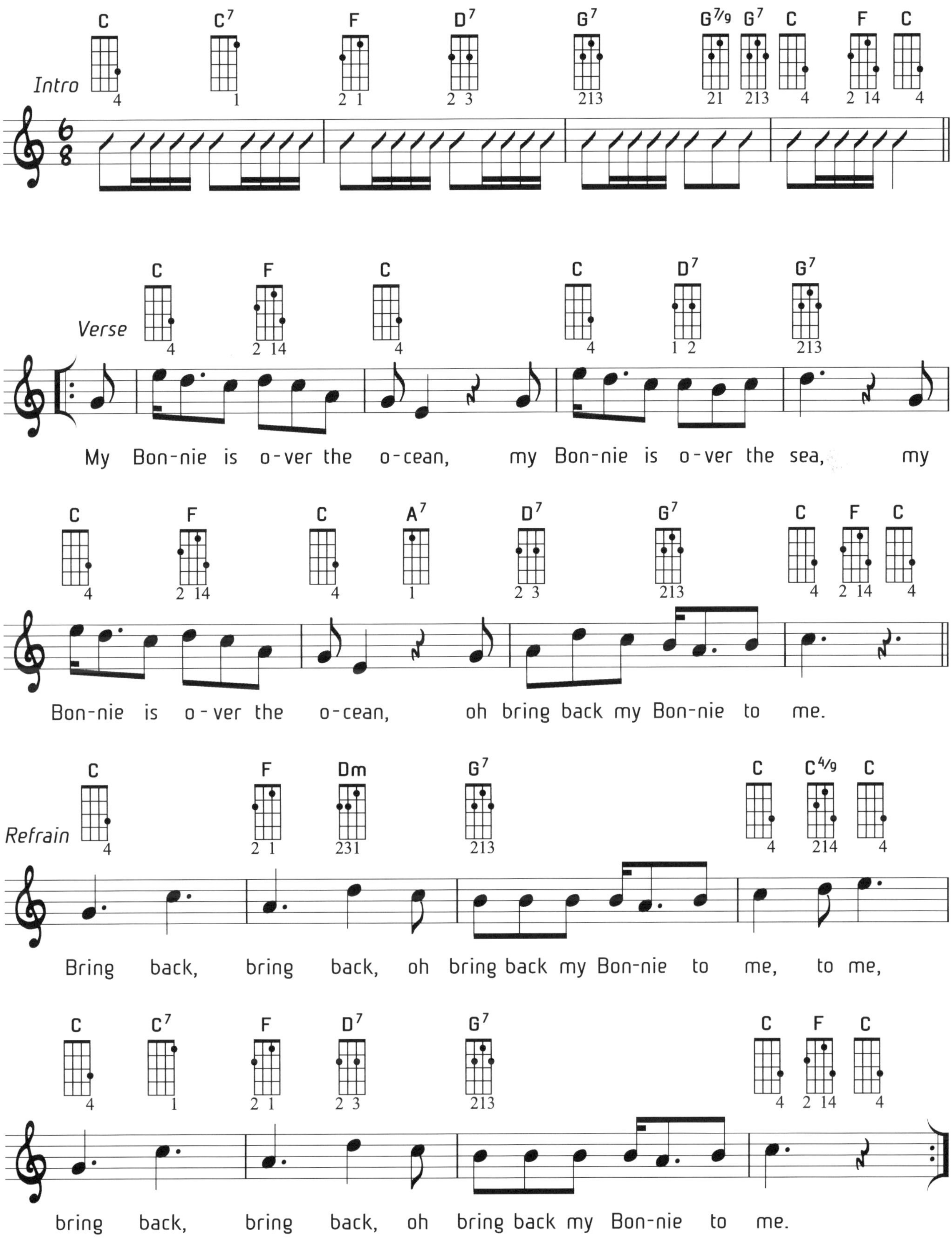

OH! SUSANNAH
(ERWEITERTE VERSION)

AKKORDE

Bei den meisten Akkordwechseln dieses amerikanischen Folksongs gibt es keine Verbindungen. Die Finger müssen sich in der Luft vorbereiten und dann gleichzeitig den neuen Akkord greifen. Die einzige Ausnahme ist der Wechsel **A - F♯m.**

In Takt 4 des Verses gibt es zwei Möglichkeiten: Du kannst bei den Wiederholungen **G** statt **E^7** greifen. Dadurch klingt es authentischer.

A nach **F♯m**: Die Finger **1** und **2** bleiben liegen, der **3.** Finger kommt dazu.

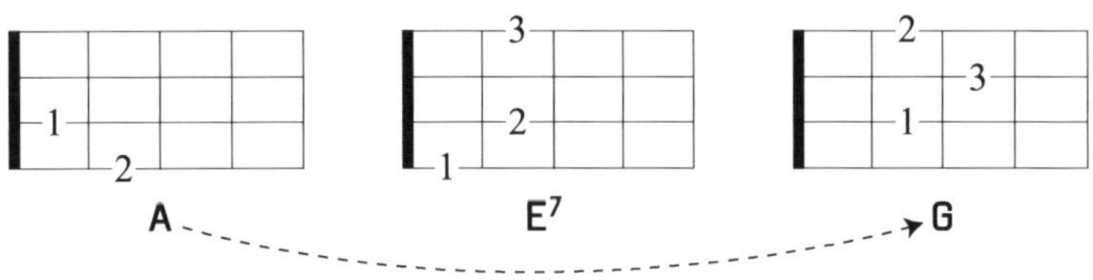

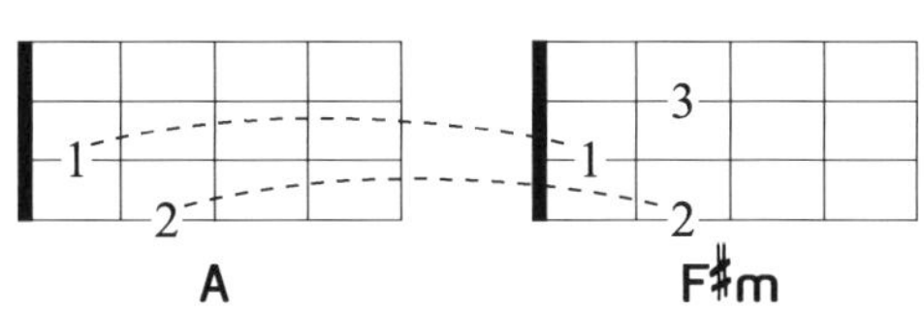

RHYTHMUS

Du kannst dieselben Strummings wie bei der leichten Version (s. S. 58) verwenden.

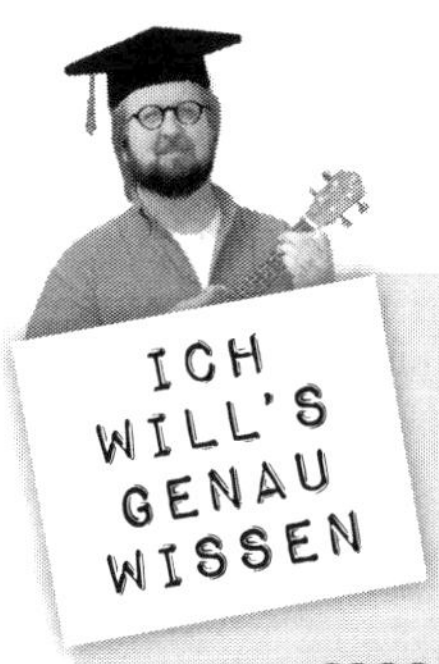

In dieser Version erscheinen neue Akkorde: **G - F♯m** und **H^7**. Sehen wir uns nun ihre Funktion genauer an: **F♯m** ist der Moll- Akkord auf der sechsten Stufe von A-Dur. **G** ist kein Akkord von A-Dur. Hier findet also kurzzeitig eine *Modulation* in eine andere Tonart statt. Genauso verhält es sich mit **H^7**, der ebenfalls kein Akkord von A-Dur ist. Man könnte sagen: Diese Akkorde sind „kurze Ausflüge" in andere Tonarten. Für das Spiel selbst ist die Sache nicht wichtig, beim Komponieren oder Arrangieren eines Songs bringen diese Modulationen aber schöne neue Klänge (Farben) für den Song.

Die Töne der *Tonart* beziehen sich als Bestandteile von Tonika, Dominante und Subdominante aufeinander. Die Tonarten werden nach dem Grundton der Tonika benannt. Ist die Tonika ein Dur-Klang, spricht man von einer Dur-Tonart, bei einem Moll-Klang entsprechend von einer Moll-Tonart. Da Tonika, Dominante und Subdominante miteinander harmonieren, ist natürlich auch die Tonart ein harmonisches Gebilde. Genau deshalb sind Tonleitern so kinderleicht zu singen: Die modernen Tonleitern sind nur die Töne einer Tonart, ihrer Tonhöhe nach geordnet.

Unter *Modulation* versteht man das Übergehen von einer Tonart in eine andere.

81/82/83

OH! SUSANNAH
(ERWEITERTE VERSION)

(Tonart A-Dur)

Traditional

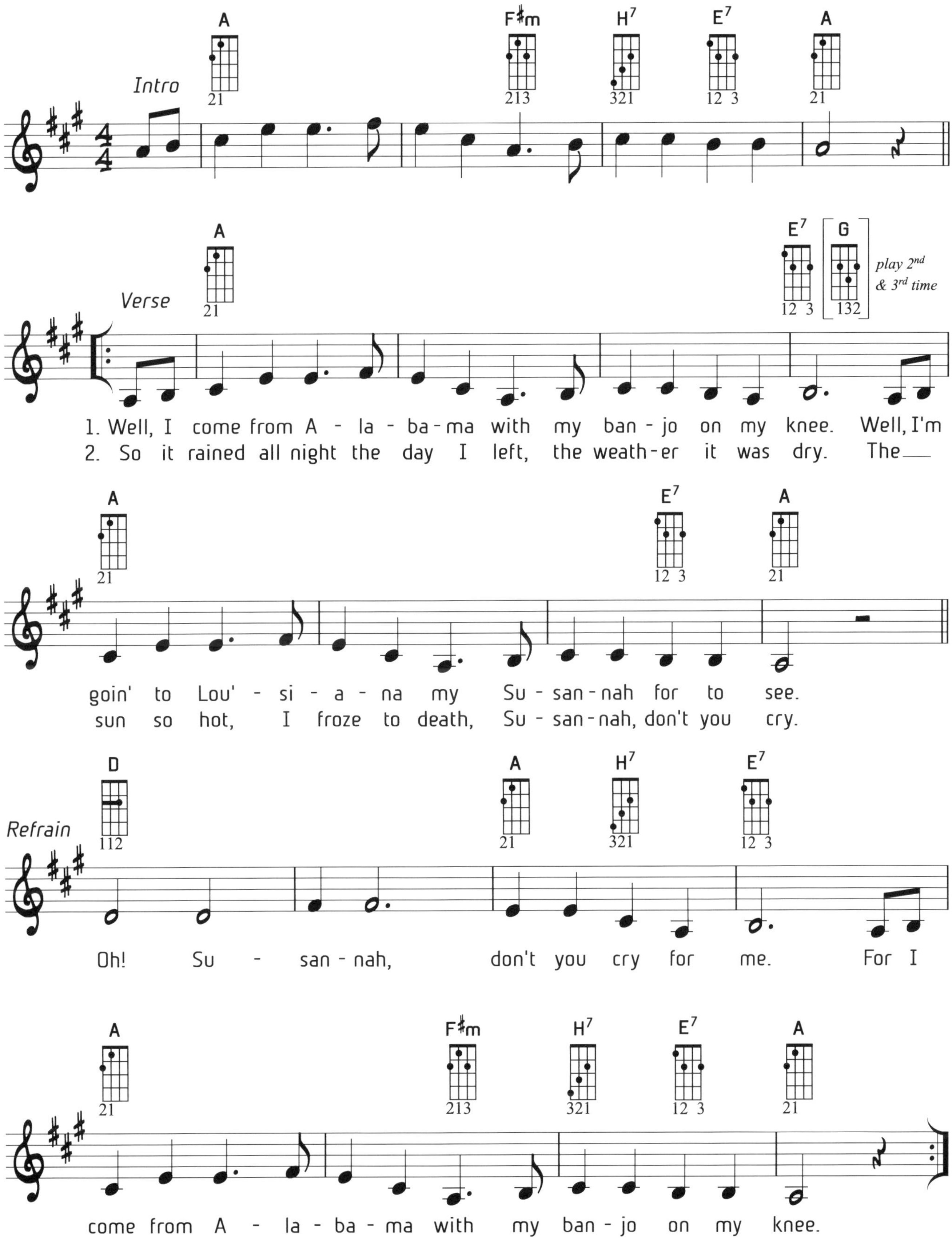

Aus wendetechnischen Gründen befindet sich die Einführungsseite zu „Home On The Range (erweiterte Version)“ auf Seite 92.

84/85/86

HOME ON THE RANGE

(ERWEITERTE VERSION)

(Tonart C-Dur)

Traditional

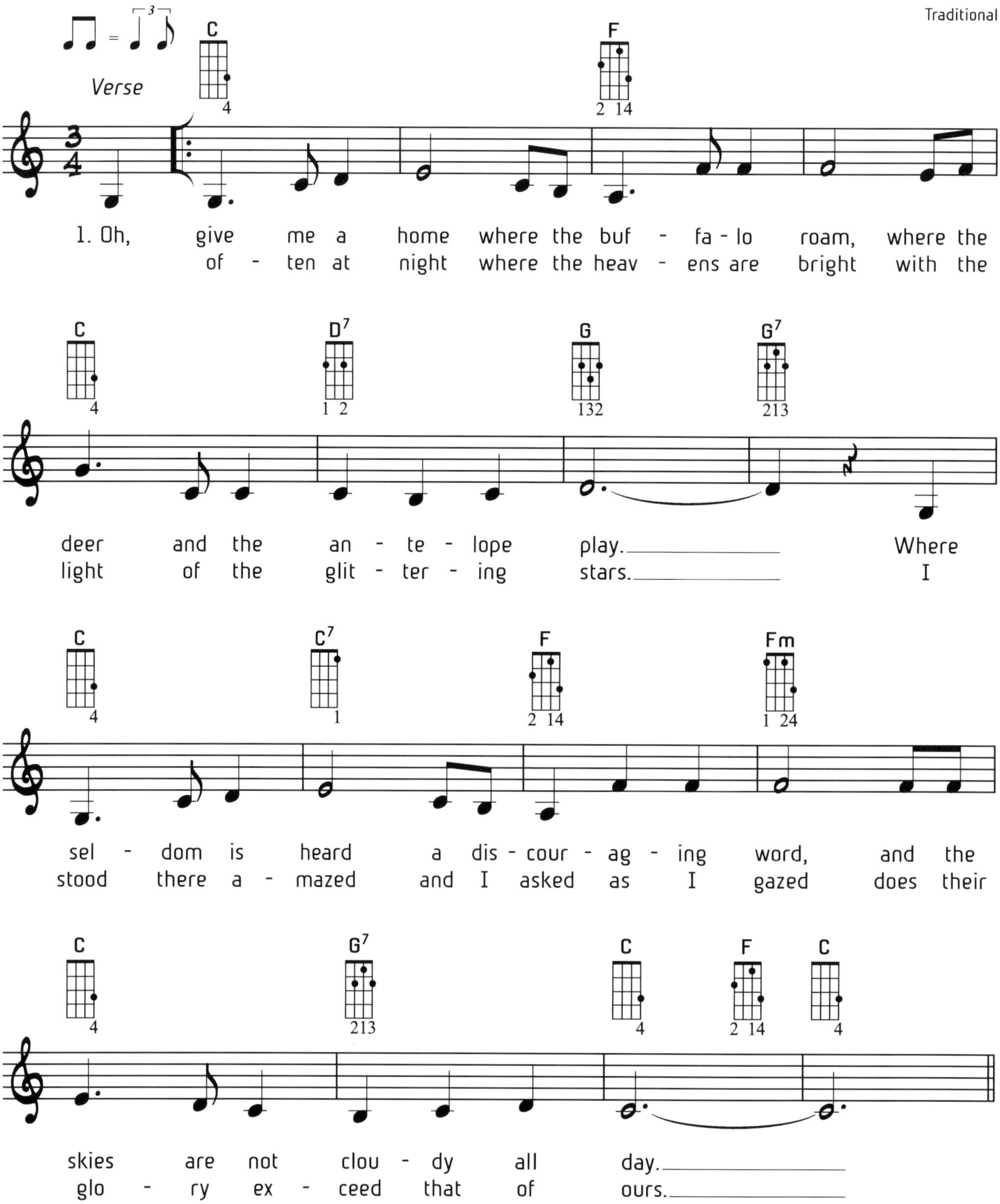

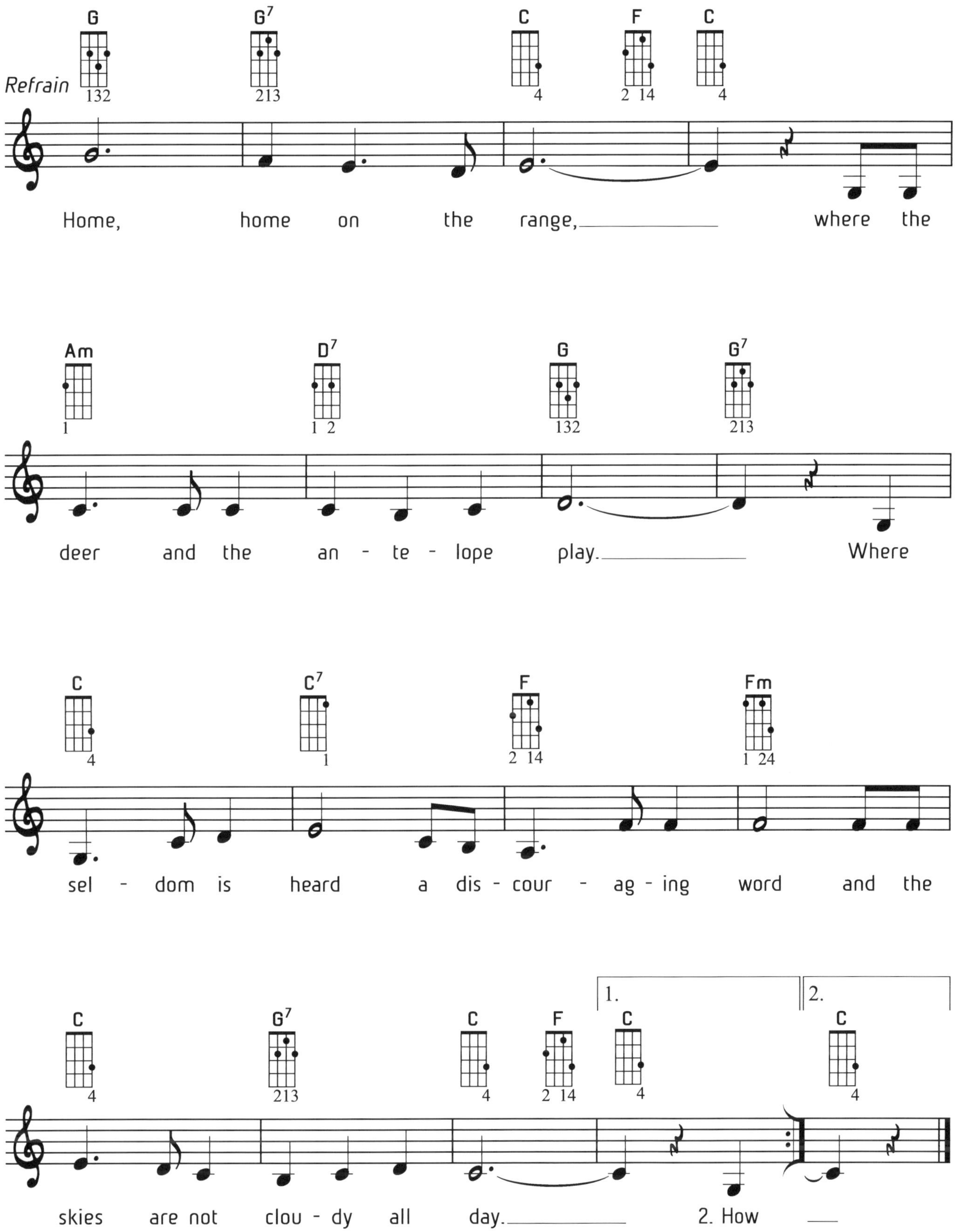
Refrain
G G7 C F C
Home, home on the range, where the
Am D7 G G7
deer and the an - te - lope play. Where
C C7 F Fm
sel - dom is heard a dis - cour - ag - ing word and the
C G7 C F
1. C
2. C
skies are not clou - dy all day. 2. How

HOME ON THE RANGE
(ERWEITERTE VERSION)

AKKORDE

Hier nun die erweiterte Version des Songs mit neuen, interessanten Griffmöglichkeiten. Wenn du bei **C** den **4.** statt des **3.** Fingers nimmst, kannst du den Wechsel nach **F** leichter bewältigen. Gleiches gilt für den Wechsel von **F** nach **Fm.**

C nach **F**:
Der **4.** Finger bleibt liegen.

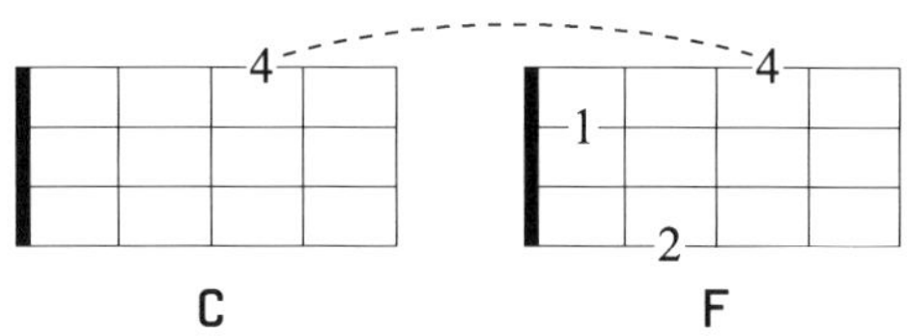

F nach **Fm**:
Der **4.** Finger liegt schon.

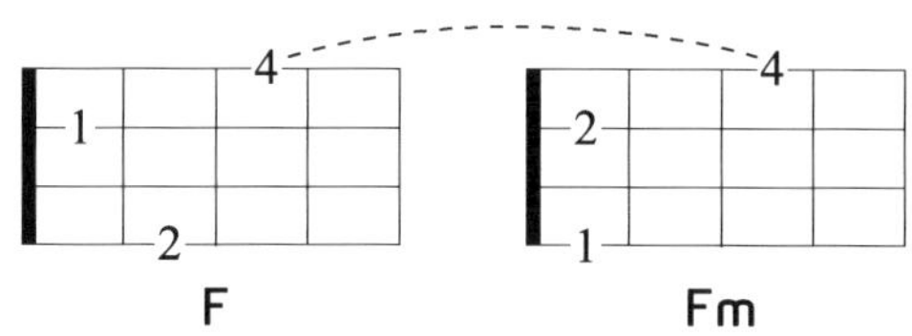

RHYTHMUS

Der 3/4-Takt wird als *Waltz* gespielt, das heißt, die Achtel werden *swingend* gespielt.

Verschiedene Strummings:

1+2) Wie bei der einfachen Version

3) Zwei Viertel und zwei Achtel

4) Eine Viertel, zwei Achtel, eine Viertel

5) Eine Viertel, vier Achtel

Interessant klingt es, wenn du im Song die verschiedenen Strummings miteinander kombinierst.

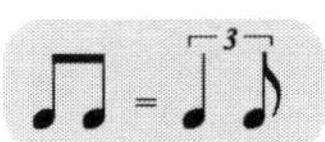

3)

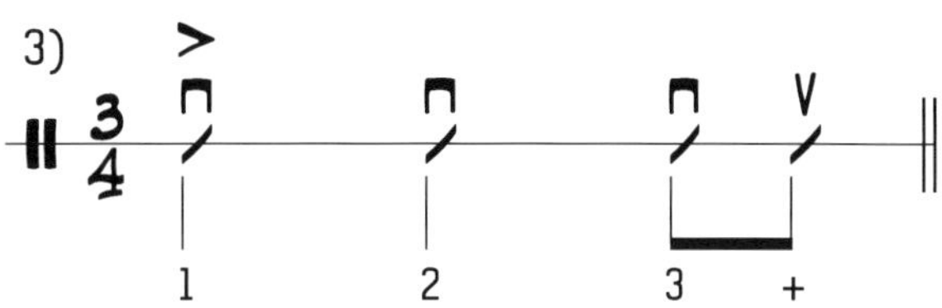

4)

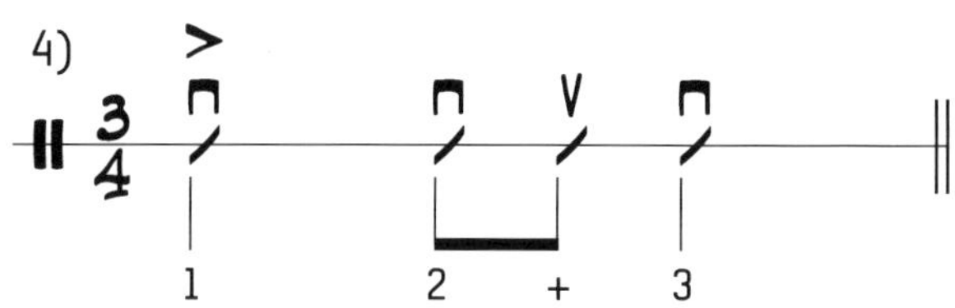

5)

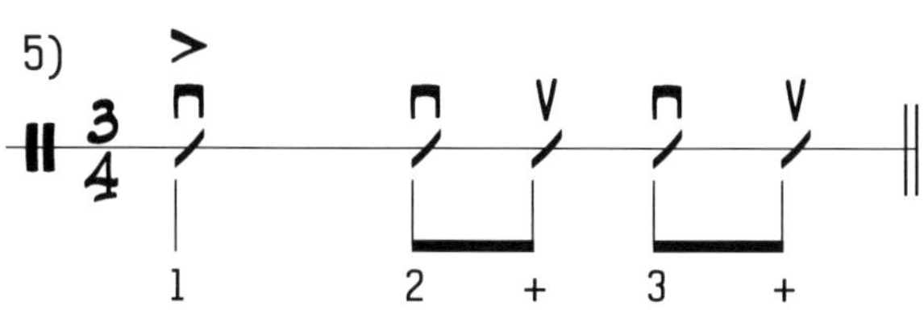

NOTEN UND NOTENSYSTEM

Um Noten aufzuschreiben, verwendet man ein *Notensystem* mit *fünf Linien.* Am Anfang des Systems steht ein *Notenschlüssel,* der die absolute Tonhöhe bestimmt. Darauf folgen die Taktart-Angabe, die Noten, Taktstriche usw.

Im folgenden Bild siehst du diese Dinge und ihre Bezeichnungen:

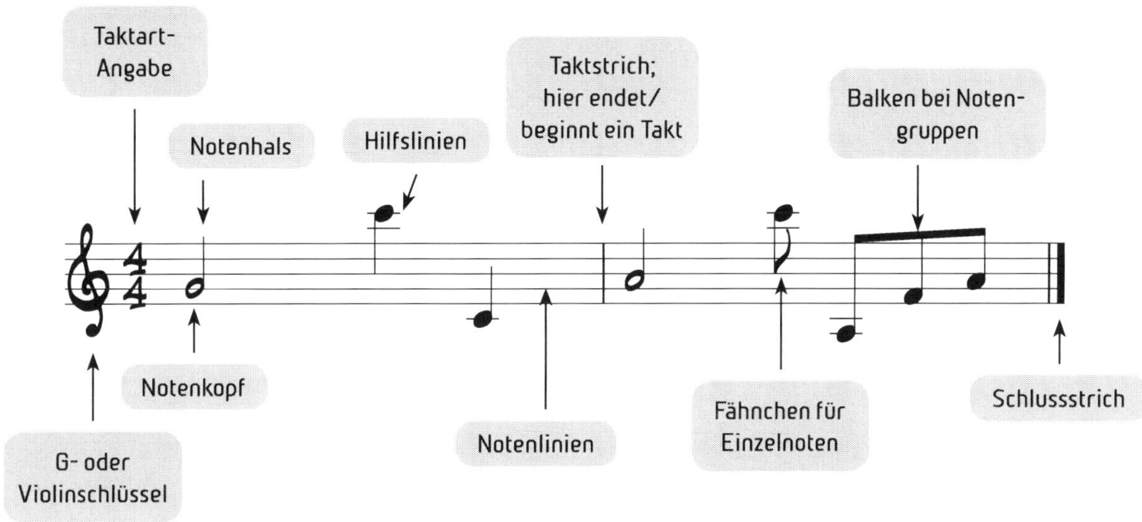

ÜBERSICHT DER NOTEN- UND PAUSENWERTE

Jeder *Notenwert* gibt die *Zeitspanne* an, während der ein *Ton klingen* soll. Der *Pausenwert* gibt die *Zeitspanne* an, während der *kein Ton* klingen soll. Diese Zeitspannen solltest du nicht vergleichen mit feststehenden Zeiteinheiten wie Minuten oder Sekunden. Die tatsächliche Länge einer Note oder Pause *(Zeitspanne)* ist veränderlich und hängt immer ab vom Tempo *(Geschwindigkeit)* der Musik.

Hier unsere ersten Noten- und Pausenwerte:

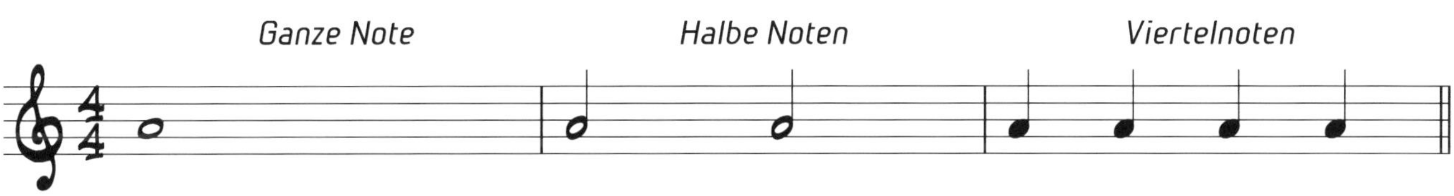

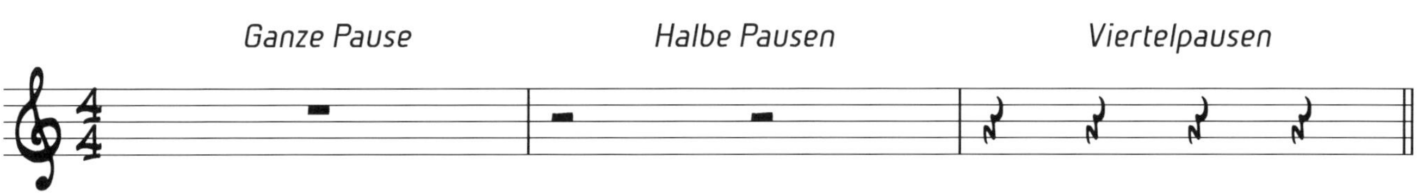

Um herauszufinden, wie lange die einzelnen Noten klingen, zählst du laut und spielst den Ton „a“ (das ist die erste Saite!).

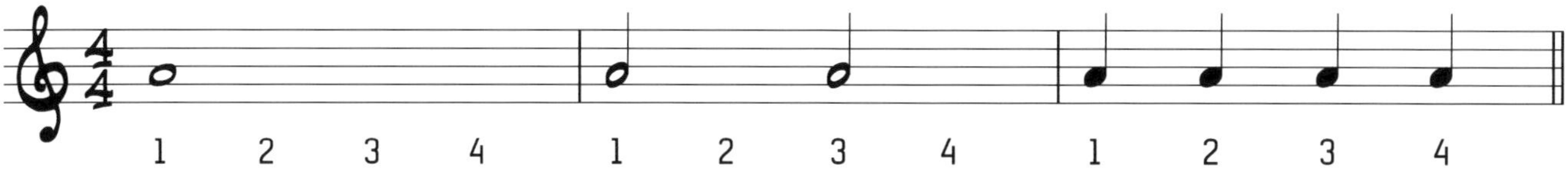

Für die rhythmische Darstellung beim Akkordspiel verwenden wir die sogenannte „Rhythmus-Notation“, die so aussieht:

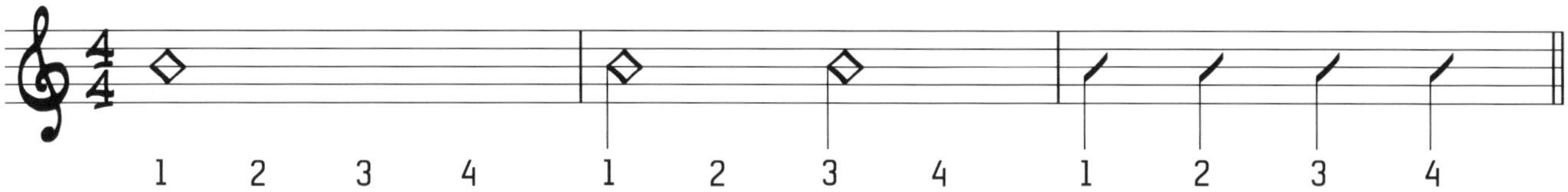

Erscheinen beim Akkordspiel nur Viertelnoten, verwendet man auch die „Strich-Notation“:

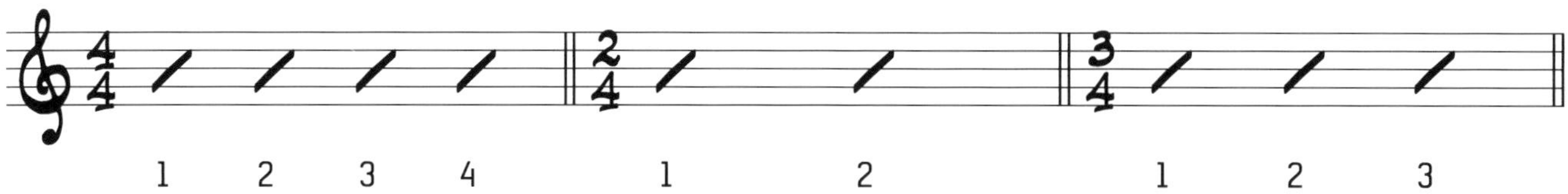

Nachdem wir bisher die Notenwerte Ganze, Halbe und Viertel gesehen haben, kommen wir nun zu den nächstkleineren Notenwerten. Sie entstehen wieder durch Halbierung der vorherigen Werte und heißen: Achtelnoten und Sechzehntelnoten. Will man herausfinden, welchen *Zeitraum* die verschiedenen Noten *innerhalb eines Taktes* einnehmen, zählt man die einzelnen Notenwerte. Für die *Hauptzählzeiten* (Grundschläge) verwendet man *Zahlen*. Für die *Zwischenzählzeiten* verwendet man *und (+)* für die Achtel und *e* für die Sechzehntel.

Viertelnoten

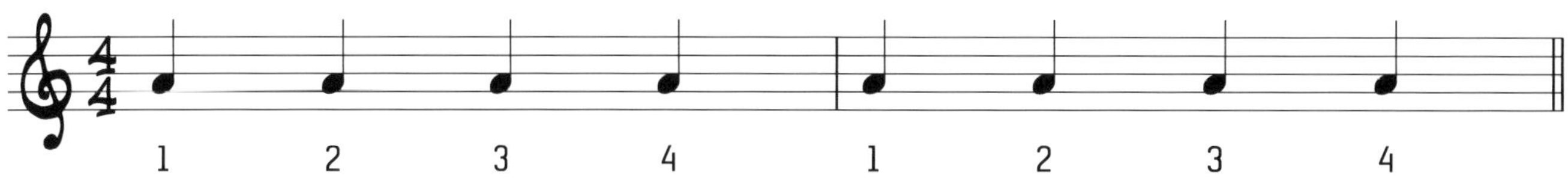

Achtelnoten *Sechzehntelnoten*

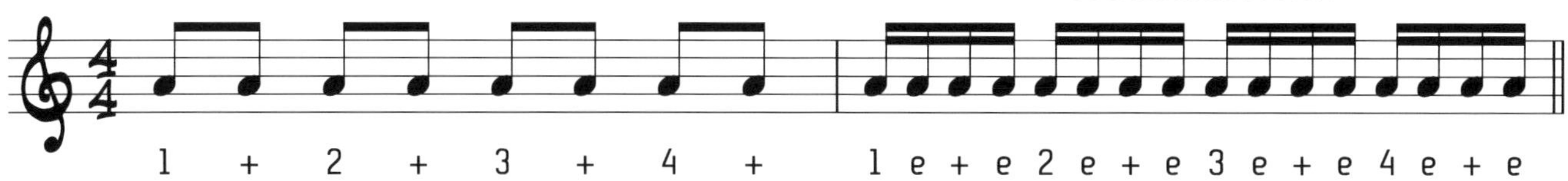

Achtelpausen *Sechzehntelpausen*

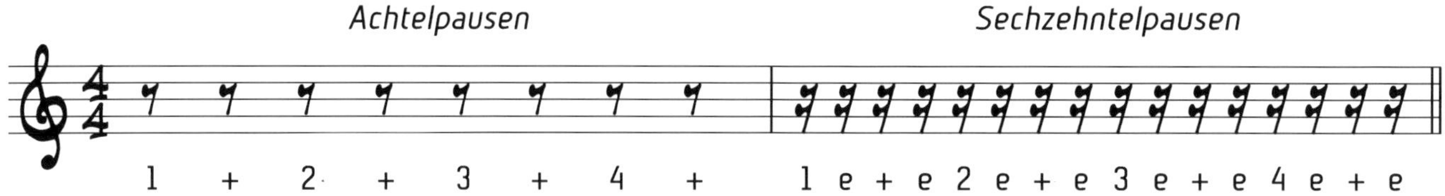

ZÄHLZEITEN

In dieser Übersicht siehst du, wie du sowohl die Position, als auch die Länge einer Note durch Zählen ermitteln kannst. Die gebräuchlichen geraden und ungeraden Taktarten werden der Reihe nach erklärt.

2/4-Takt: Hauptzählzeiten Viertel, Achtel (sprich *und*), Sechzehntel (sprich *e*)

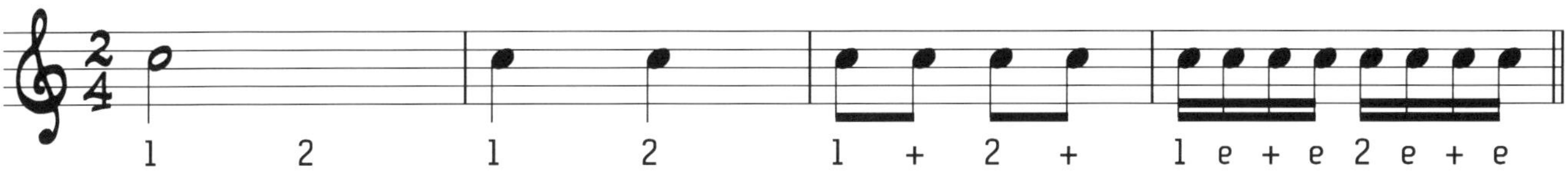

4/4-Takt: Hauptzählzeiten Viertel, Achtel (sprich *und*), Sechzehntel (sprich *e*)

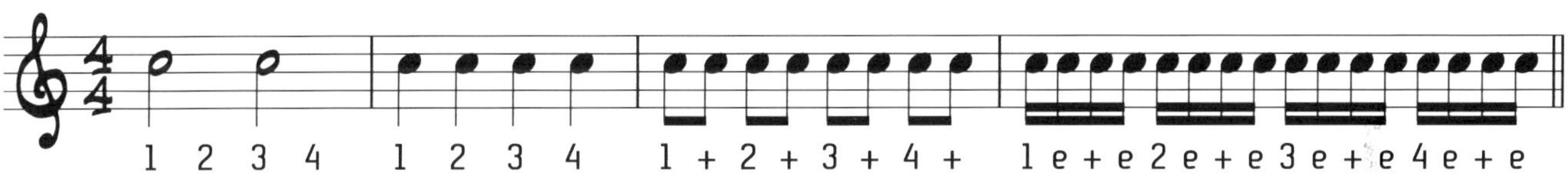

2/2-Takt: Hauptzählzeiten Halbe, Viertel (sprich *und*), Achtel (sprich *e*)
(Diese Taktart wird auch als *Alla breve-Takt* bezeichnet.)

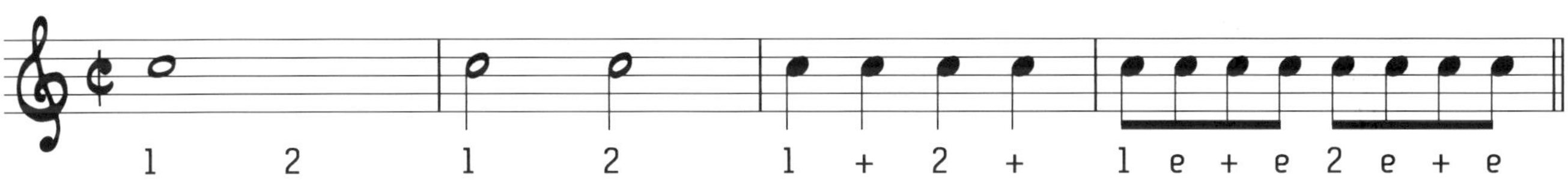

3/4-Takt: Hauptzählzeiten Viertel, Achtel (sprich *und*), Sechzehntel (sprich *e*)

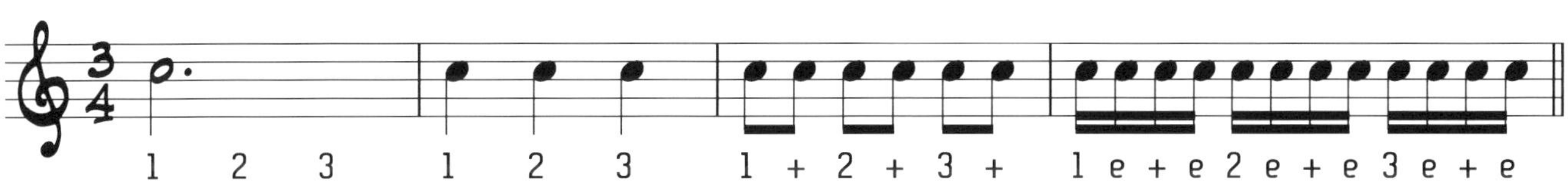

6/8-Takt: Hauptzählzeiten Achtel, Sechzehntel (sprich *und*)

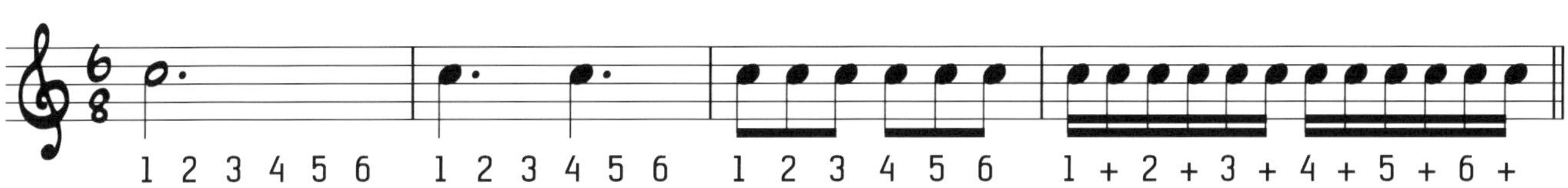

WAS IST EINE TABULATUR?

Unter einer *Tabulatur* versteht man eine Griffschrift für ein spezielles Musikinstrument. Betrachten wir die Ukulelen-Tabulatur:

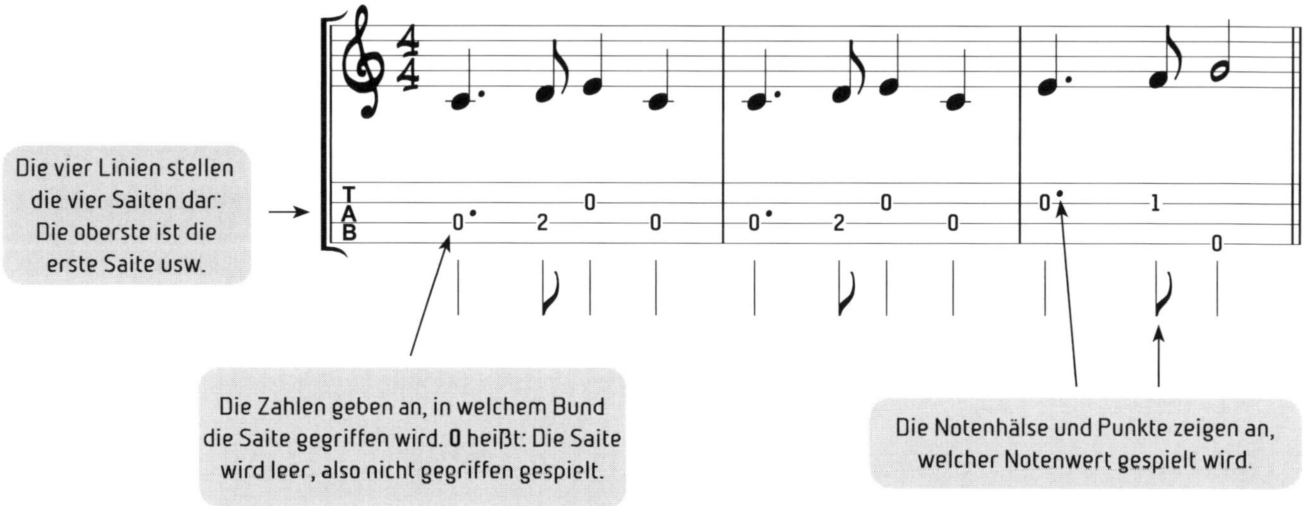

Hat man nur eine Tabulatur ohne Notensystem darüber, ist nicht eindeutig feststellbar, welcher Notenwert gespielt werden soll (s. Viertelnote und halbe Note).

WIE LIEST MAN WIEDERHOLUNGSZEICHEN?

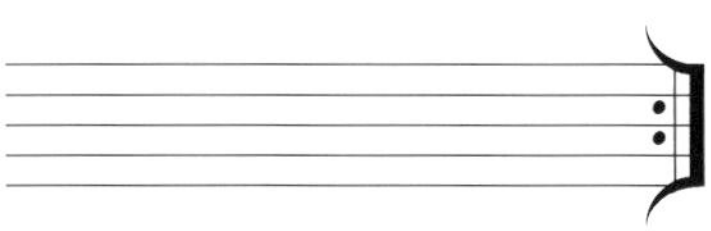

Einfache Wiederholung: Alles bis zu diesem Zeichen wird wiederholt.

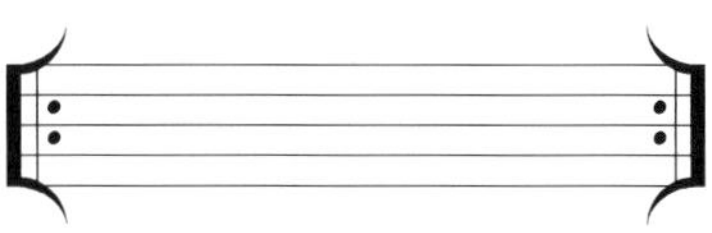

Eingeschlossenes Wiederholungszeichen:
Der Teil zwischen den beiden Zeichen wird wiederholt.

Wiederholung mit verschiedenen Endungen: Beim ersten Mal spielt man bis zum Wiederholungszeichen in „Haus 1“. Bei der Wiederholung wird „Haus 1“ ausgelassen und gleich „Haus 2“ gespielt.

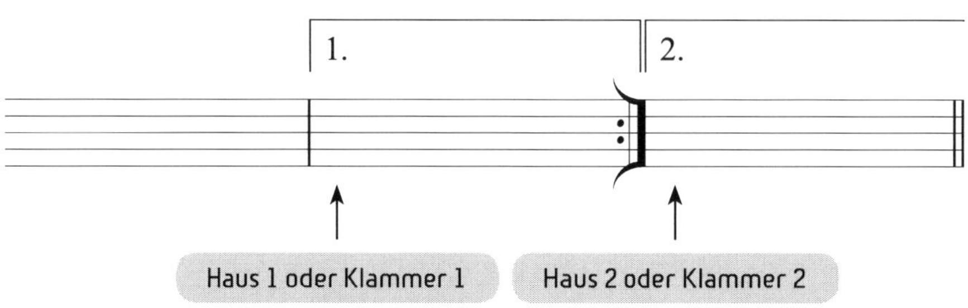

SCHLAGTECHNIK MIT RHYTHMUS

Diese Schlagtechniken *(Strummings)* kannst du beim Spielen von Akkorden verwenden. Über den Noten siehst du die Schlagrichtungen und auch Betonungszeichen *(Akzente)*. Mit dem Pick werden die Hauptzählzeiten nach unten, die Zwischenzählzeiten nach oben angeschlagen. Spielst du mit den Fingern, kannst du selbst entscheiden, ob du mit dem Daumen oder einer Kombination mit den anderen Fingern anschlägst. Unter den Noten findest du Fingersatz-Vorschläge für diese Spieltechnik.

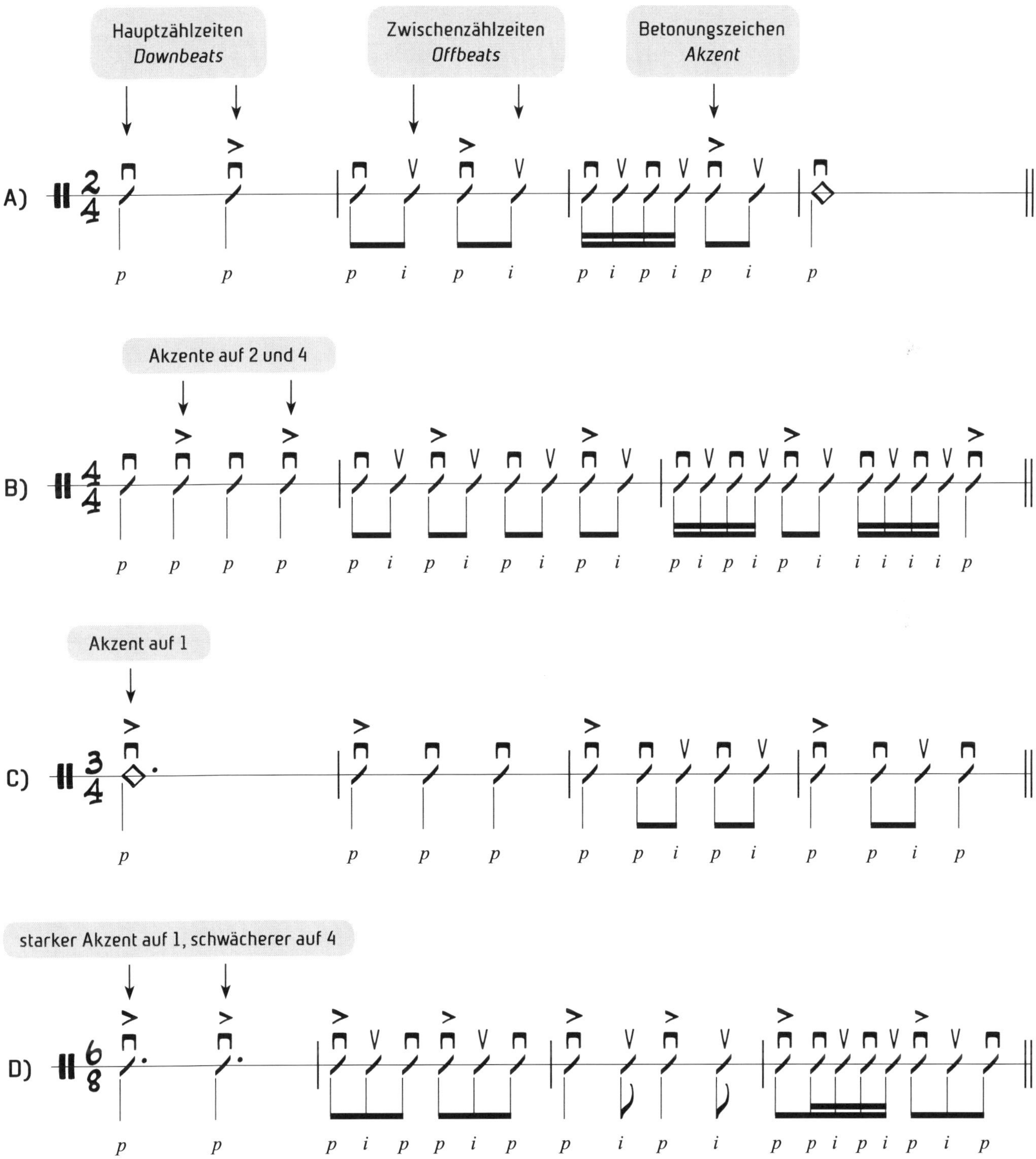

Hier siehst du ein neues rhythmisches Muster mit *punktierten Noten* und einem *Haltebogen*. Der Haltebogen verbindet zwei Töne gleicher Tonhöhe zu einem gemeinsamen Notenwert. Die Anschlagszeichen in Klammern zeigen die Auf- und Abwärtsbewegung deiner rechten Hand während des Spiels. Auch wenn du keine Saiten anschlägst, sollte die rechte Hand während des Spiels nie stillstehen. Der rhythmische Fluss würde sonst stoppen. Außerdem ist es so viel leichter, das Tempo zu halten.

E)

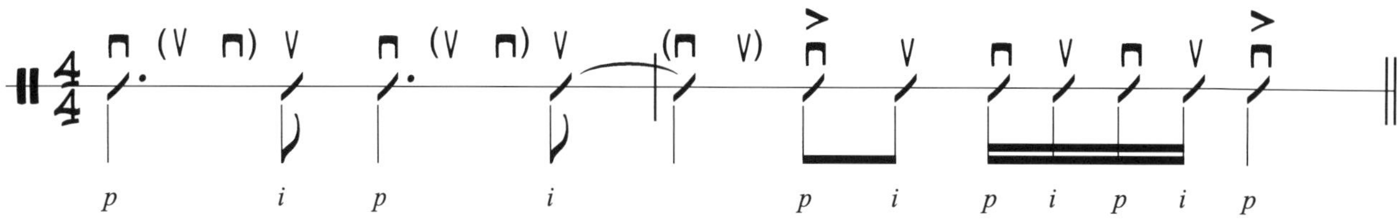

AKKORDSYMBOLE

Akkordsymbole stellen mit Buchstaben und Zahlen einen Akkord dar. So kann man auf die Notendarstellung verzichten. Die *Großbuchstaben* geben den *Akkordnamen*, hinzugefügte *Zahlen* geben sog. *Erweiterungstöne* wieder. Das zusätzliche kleine „m" sagt dir, dass ein Mollakkord zu spielen ist. Für komplexere Akkorde gibt es noch andere Zusätze. Sie werden auch bei den Songs erklärt.

Großbuchstabe allein: Dur-Akkord

↓

F⁷ ← Erweiterungstöne: kleine Zahlen als Index, hier die Septe

sprich: *ef-sieben*

Großbuchstabe und kleines m: Moll-Akkord

↓

Dm⁷ ← Erweiterungstöne: hier die Septe

sprich: *de-moll-sieben*

Dur, Sept-Akkord mit hinzugefügter None

↓

G⁷/⁹ ← Erweiterungstöne: hier Septe und None

sprich: *ge-sieben-neun*

Moll, Sept-Akkord mit verminderter Quinte

↓

Cm⁷/♭⁵ ← Erweiterungstöne: Septe und verminderte Quinte

sprich: *ce-moll-sieben-be-fünf*

TRIOLEN - SHUFFLE - SWING

Manchmal braucht man für den rhythmischen Verlauf andere als die durch zwei geteilten Notenwerte. Man teilt durch drei und es entsteht eine Gruppe von drei Noten, die sogenannte *Triole*. Triolen werden durch die Zahl 3 über den Noten gekennzeichnet. Ab den Achteltriolen haben die Dreiergruppen einen gemeinsamen Balken. Die *zeitliche Wertumrechnung* siehst du im folgenden.

Vierteltriole
Achteltriole

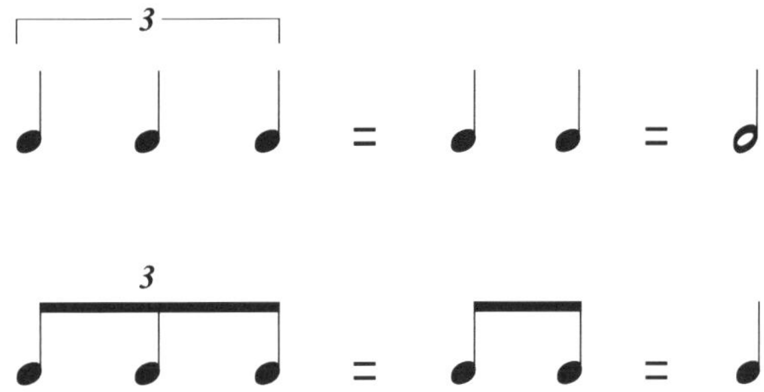

Mit der Entstehung der Musikstile Blues, Jazz und Pop wurde ein sog. *ternärer Rhythmus*, der *Shuffle* oder *Swing*, wichtig. Im *Shuffle* werden die Achtel nicht *gerade (binär)*, sondern *triolisch (ternär)* gespielt. Das erste Achtel wird dabei lang, das zweite kurz gespielt. Schriftliche Angaben zur Ausführung können so aussehen:

geshuffelte Achtel:
geshuffelte Sechzehntel:

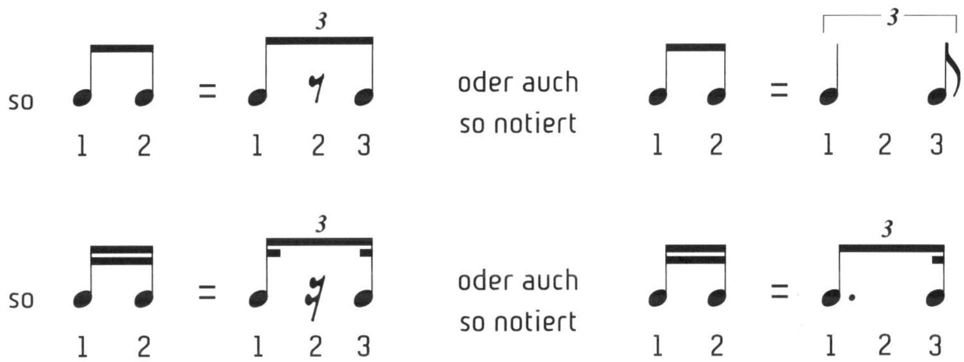

Die Ausführung des *Shuffle* oder *Swing* kannst du dir lautmalerisch so verdeutlichen:

Gerade Achtel sprichst du: ba - ba - ba - ba (alle gleich lang)

Geshuffelte Achtel sprichst du: bam - ba - bam - ba (lang - kurz - lang - kurz)

87 (Tutorial)

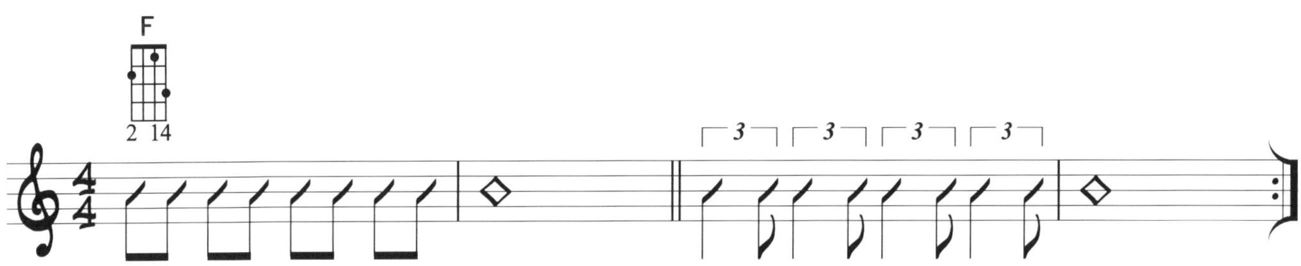

I-V-VI-IV-VERBINDUNGEN

Wenn du diese Akkordverbindungen beherrschst, kannst du unzählige Songs begleiten. Am besten lernst du sie auswendig! Solltest du mit den angegebenen Fingersätzen Probleme haben, suche einen Fingersatz, der dir leichter fällt.

C-Dur

I – V – VI – IV

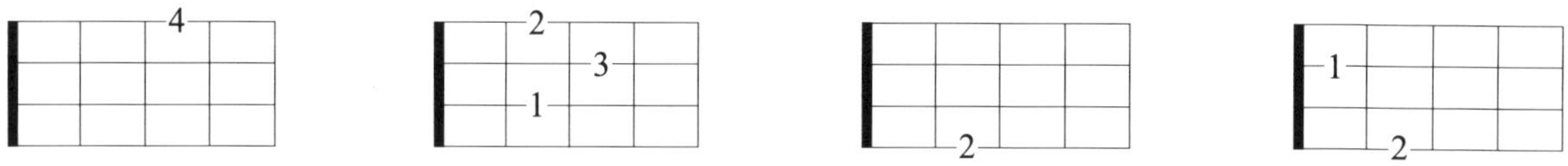

C – G – Am – F

G-Dur

I – V – VI – IV

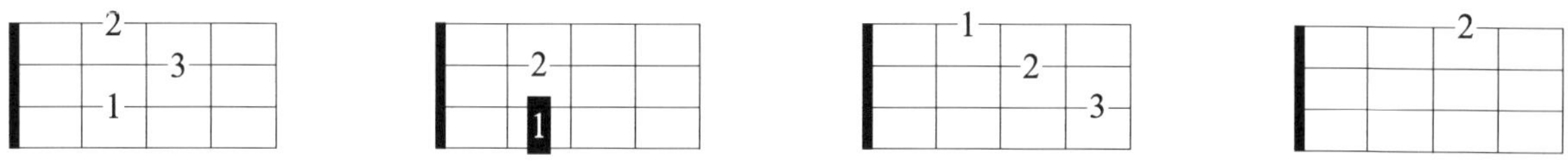

G – D – Em – C

D-Dur

I – V – VI – IV

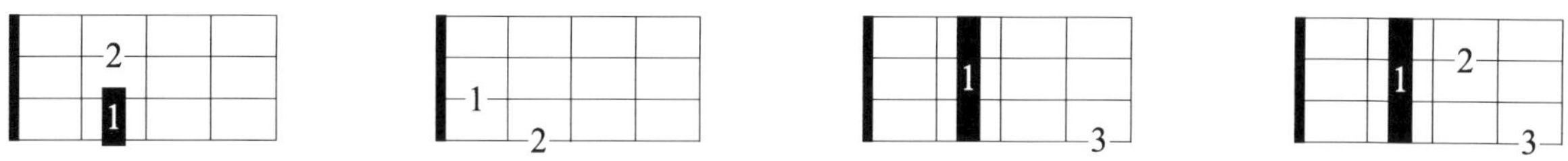

D – A – Hm – G

A-Dur

I – V – VI – IV

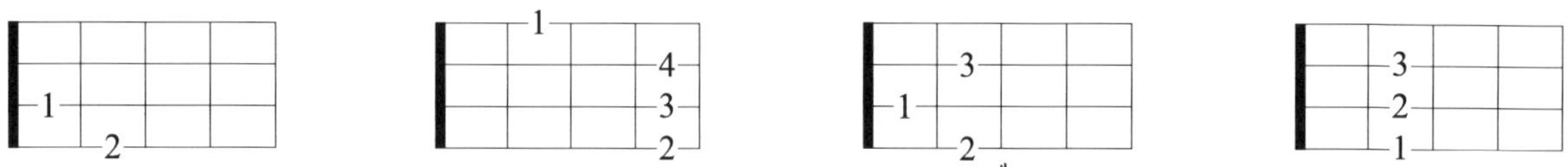

A – E – F♯m – D

E-Dur

I – V – VI – IV

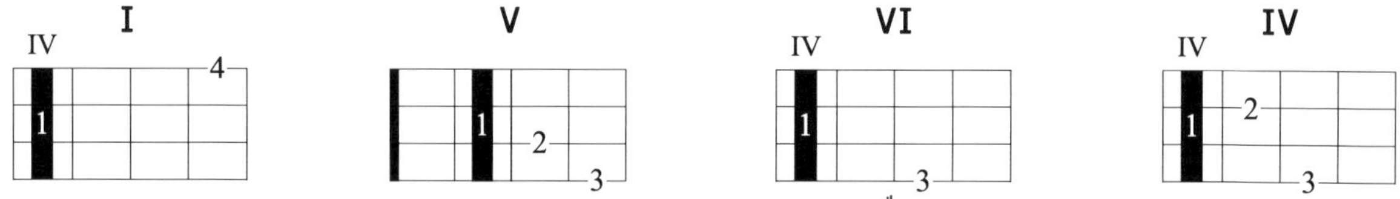

E – H – C♯m – A

Bei den Akkordverbindungen in den sog. B♭-Tonarten brauchst du sehr oft den Barré-Griff, der einige Übung erfordert, bis er gut klingt.

F-Dur

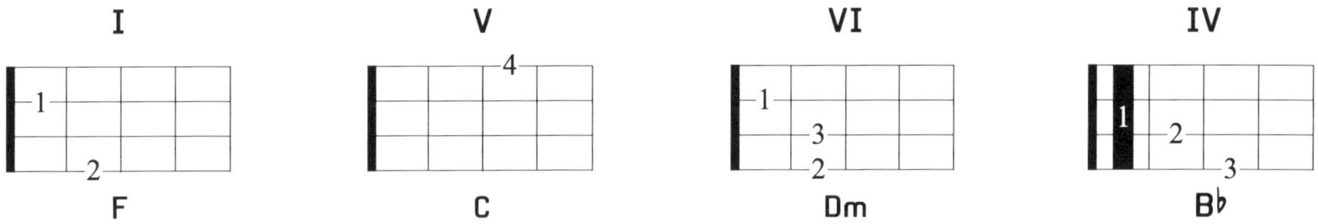

B♭-Dur

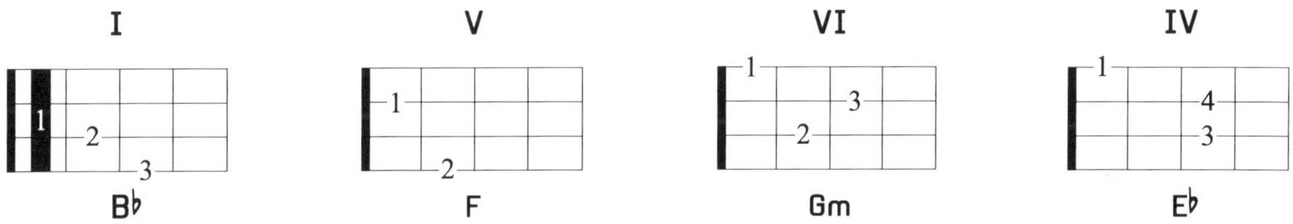

E♭-Dur

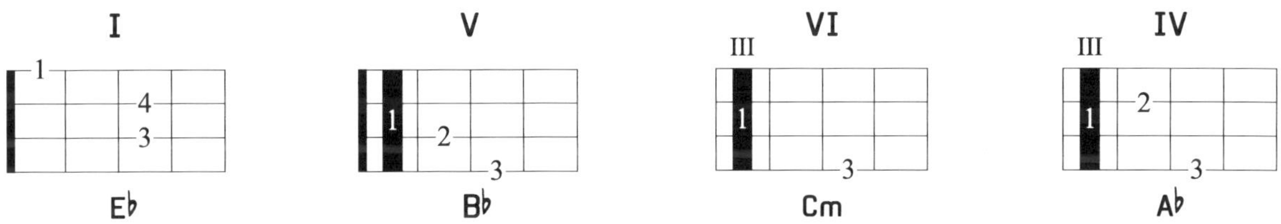

A♭-Dur

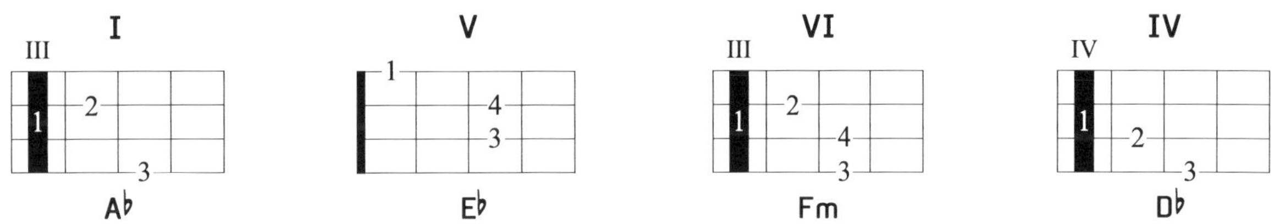

D♭-Dur

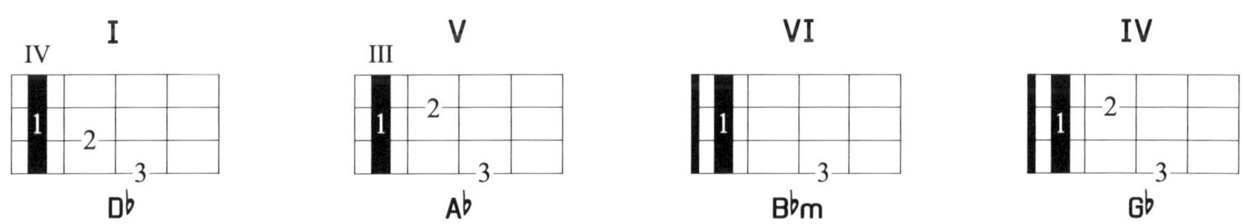

GRIFFTABELLE

Zum Schluss habe ich noch eine Grifftabelle für dich. Hier findest du alle Akkorde, die in dieser Schule verwendet wurden, und einige andere, die dir vielleicht helfen, wenn du weitere Songs spielen willst. Denke bitte daran, dass Töne „enharmonisch" verwechselt werden. Das bedeutet, folgende Akkorde haben dieselbe Griffweise: C♯ = D♭, D♯ = E♭, F♯ = G♭, G♯ = A♭ und A♯ = B♭. Da bei vielen Akkorden mehrere Griffweisen möglich sind, kannst du selbst entscheiden, welche Finger du verwendest.

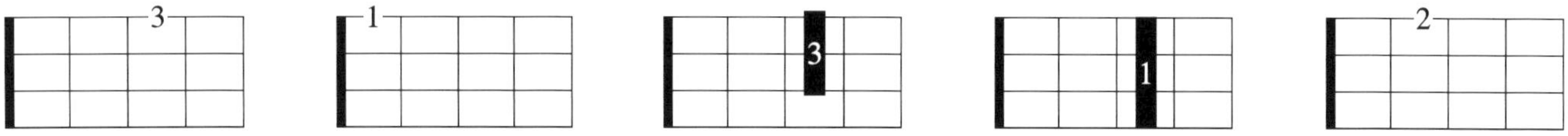

C | C^7 | Cm | Cm^7 | Cj^7

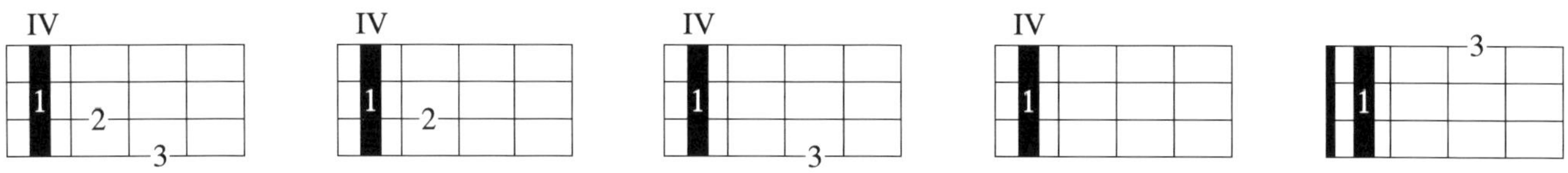

C♯ | $C♯^7$ | C♯m | $C♯m^7$ | $C♯j^7$

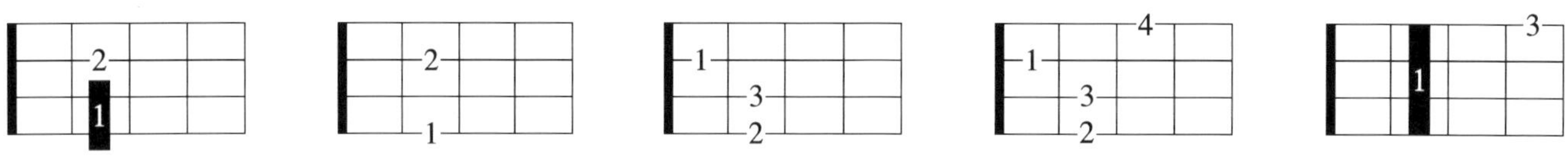

D | D^7 | Dm | Dm^7 | Dj^7

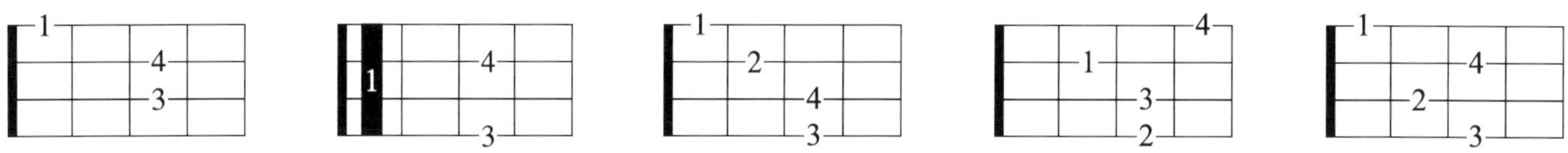

D♯ | $D♯^7$ | D♯m | $D♯m^7$ | $D♯j^7$

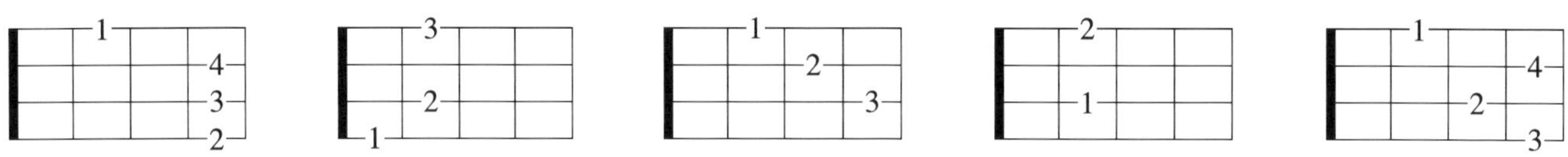

E | E^7 | Em | Em^7 | Ej^7

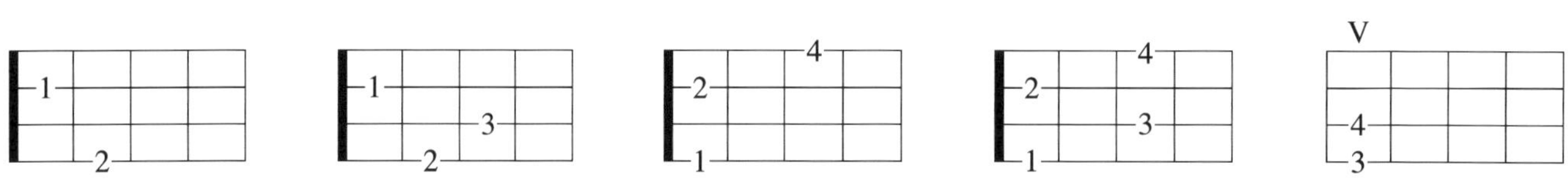

F | F^7 | Fm | Fm^7 | Fj^7

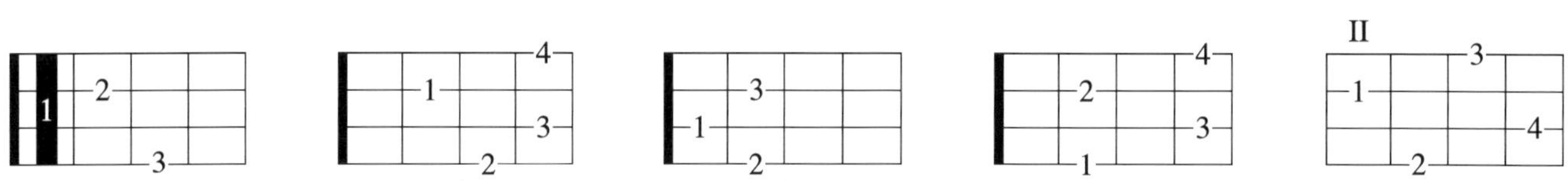

F♯ | $F♯^7$ | F♯m | $F♯m^7$ | $F♯j^7$

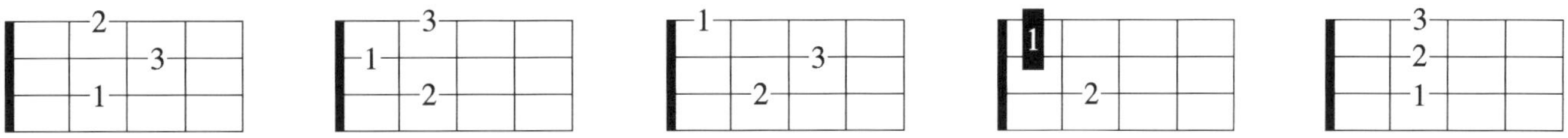

G G^7 Gm Gm^7 Gj^7

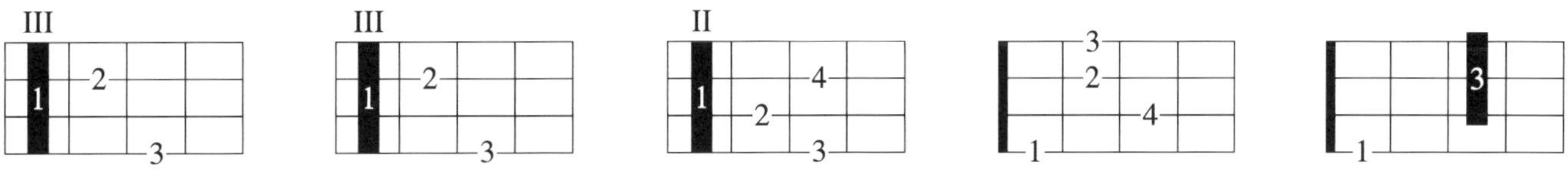

G♯ G♯^{7} G♯m G♯m^7 G♯j^7

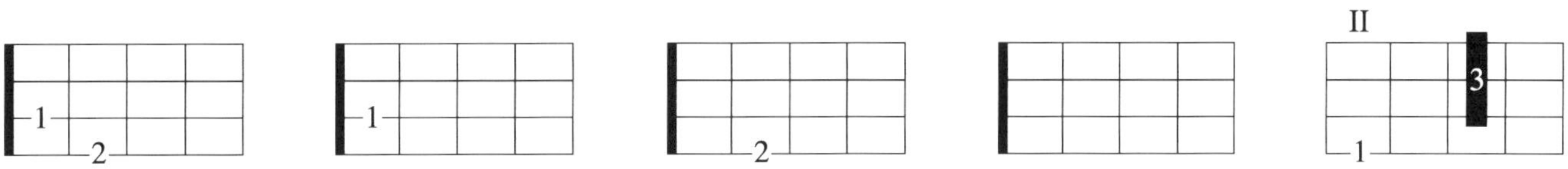

A A^7 Am Am^7 Aj^7

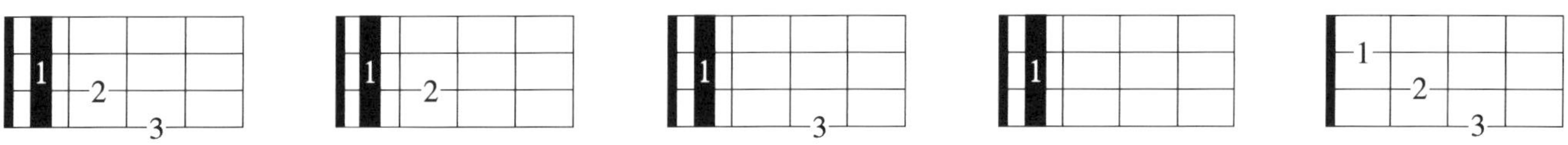

B♭ B♭^{7} B♭m B♭m^7 B♭j^7

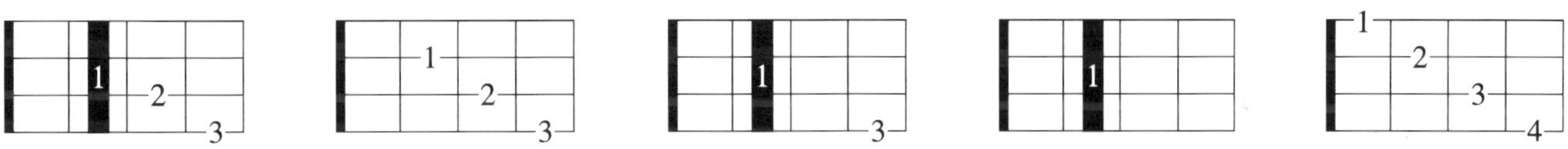

H H^7 Hm Hm^7 Hj^7

Hier noch einige komplexere Akkorde, die auf der Ukulele toll klingen!

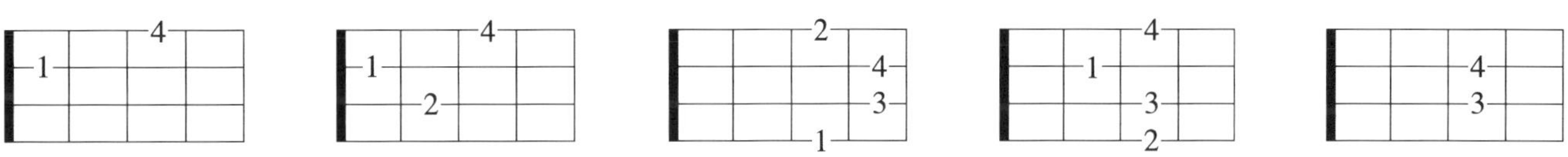

C^{sus4} C$^{sus4/9}$ C^{+7} Cm$^{7/\flat 5}$ Cm^6

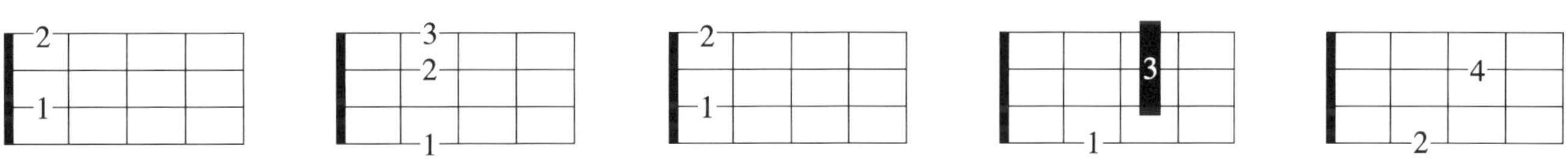

C♯$^{\circ 7}$ D^{13} Em$^{7/\flat 5}$ F$^{7/9}$ F^{add9}

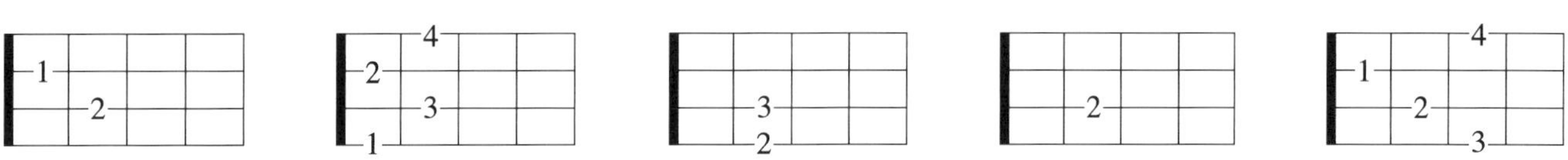

G$^{7/9}$ G♯$^{\circ 7}$ A^{sus4} A^{7sus4} B$^{\flat 9}$

Audio-Produktion:

Produziert und arrangiert von Richard Kleinmaier

Aufgenommen in der Zeit von Januar bis Dezember 2013 in den MoeMoe- und Ewood-Studios in Nürnberg

Aufnahmen, Programmierung und Mixe: Moritz Oeder und Jo Barnikel (Track 9, 46)

Mitwirkende Musiker:
Kathrin Kohlmann: Gesang (Track 5, 7, 12, 18, 28, 40, 43, 62, 73, 75)
Jakob Oeder: Gesang (Track 56, 66)
Moritz Oeder: Gesang (Track 12), E-Gitarre (Track 12, 53), Bass (Track 56)
Jo Barnikel: Gesang, Altblockflöte (Track 9), Keyboards (Track 9, 46)
Michael Schmidt: E-Bass (Track 78)
Richard Kleinmaier: Gesang, Sopran-, Concert-, Tenor- & Bariton Ukulelen von Ortega, E-Bass, E-Gitarren, Tenorbanjo, Percussion, Keyboards

STICHWORTVERZEICHNIS

Begriff	Seite
6/8-Takt	20, 21
a capella	28
Abschlag	8
Akkord	25
Akkordsymbole	98
Akzent	10, 97
Arpeggio	8, 38
Aufschlag	8, 59
Auftakt	13
Codazeichen	43
Dal Segno al Coda	43
Dominante	59
dorisch	19
Downbeats	67
fade out	28
Four-Chord-Song	26, 48
Griffdiagramm	9
Groove	34
Haltebogen	38, 98
Hauptzählzeiten	21, 67, 94
Interlude	28
Intro	28
Kadenz	16, 59
Kirchentonarten	19
low-g-Stimmung	5
Modulation	88
muted	72

Begriff	Seite
Noten	93
Notensytem	93
Notenwerte	93
Offbeats	67
Outro	28
Pausenwerte	93
punktierte Note	98
rhythmische Notation	94
ritardando	81
Septakkord	60
Shuffle	82, 99
Strich-Notation	94
Strummings	10, 97
sus-Akkorde	84
Swing	99
Synkope	30, 38
Tabulatur	96
ternärer Rhythmus	99
Tonart	59, 88
Triolen	99
verminderter Septakkord	64
vorgezogene Zählzeiten	22, 54, 60
Walzertakt	12
Wiederholungszeichen	96
Zwischenzählzeiten	67, 94

AUDIO-TRACKLIST

Nr.	Titel	Seite
01	Stimmton g	6
02	Stimmton c	
03	Stimmton e	
04	Stimmton a	
05	**Bruder Jakob** (einfache Version)	11
06	ohne Ukulele	
07	**Oh My Darling Clementine** (einfache Version)	13
08	**Lady In Black** (Tutorial)	15
09	**Scarborough Fair** (einfache Version)	19
10	ohne Ukulele	
11	Ukulele & Gesang	
12	**Chan Chan**	23
13	ohne Ukulele	
14	Ukulele & Gesang	
15	**Tom Dooley**	25
16	ohne Ukulele	
17	Ukulele & Gesang	
18	**Let It Be**	27
19	ohne Ukulele	
20	Ukulele & Gesang	
21	**Don't Worry, Be Happy**	29
22	ohne Ukulele	
23	Ukulele & Gesang	
24	**Hey Jude** (Tutorial)	31
25	**What Shall We Do With The Drunken Sailor**	33
26	ohne Ukulele	
27	Ukulele & Gesang	
28	**One Of Us**	35
29	ohne Ukulele	
30	Ukulele & Gesang	
31	**Everybody Needs Somebody To Love**	37
32	ohne Ukulele	
33	Ukulele & Gesang	
34	**Jamaica Farewell**	39
35	ohne Ukulele	
36	Ukulele & Gesang	
37	**Sway**	41
38	ohne Ukulele	
39	Ukulele & Gesang	
40	**I Follow Rivers**	43
41	ohne Ukulele	
42	Ukulele & Gesang	
43	**A Night Like This**	45
44	ohne Ukulele	
45	Ukulele & Gesang	
46	**No Woman, No Cry** (Tutorial)	49
47	**Probier's mal mit Gemütlichkeit**	52
48	ohne Ukulele	
49	Ukulele & Gesang	
50	**Follow Me**	55
51	ohne Ukulele	
52	Ukulele & Gesang	
53	**Yankee Doodle**	57
54	ohne Ukulele	
55	Ukulele & Gesang	
56	**You And Me (In My Pocket)**	61
57	ohne Ukulele	
58	Ukulele & Gesang	
59	**Swing Low, Sweet Chariot**	63
60	ohne Ukulele	
61	Ukulele & Gesang	
62	**Everybody**	66
63	ohne Ukulele	
64	Ukulele & Gesang	
65	**You And I** (Tutorial)	70
66	**I'm Yours**	73
67	ohne Ukulele	
68	Ukulele & Gesang	
69	**Over The Rainbow** (Tutorial)	74
70	**Flying**	78
71	ohne Ukulele	
72	Ukulele & Gesang	
73	**Bruder Jakob** (erweiterte Version)	81
74	ohne Ukulele	
75	**Oh My Darling Clementine** (erweiterte Version)	83
76	ohne Ukulele	
77	Ukulele & Gesang	
78	**My Bonnie Is Over The Ocean** (erweiterte Version)	87
79	ohne Ukulele	
80	Ukulele & Gesang	
81	**Oh! Susannah** (erweiterte Version)	89
82	ohne Ukulele	
83	Ukulele & Gesang	
84	**Home On The Range** (erweiterte Version)	90
85	ohne Ukulele	
86	Ukulele & Gesang	
87	**Triolen – Shuffle – Swing** (Tutorial)	99
88	**Bonustrack Jamaica Farewell** Strumming 4 langsam	38
89	**Bonustrack Follow Me** Strumming 2 langsam	54
90	**Bonustrack You And Me (In My Pocket)** Strumming langsam	60